カラー版

重ね地図で読み解く京都の「魔界」

小松和彦 監修

宝島社新書

カラー版　重ね地図で読み解く京都の「魔界」

目次

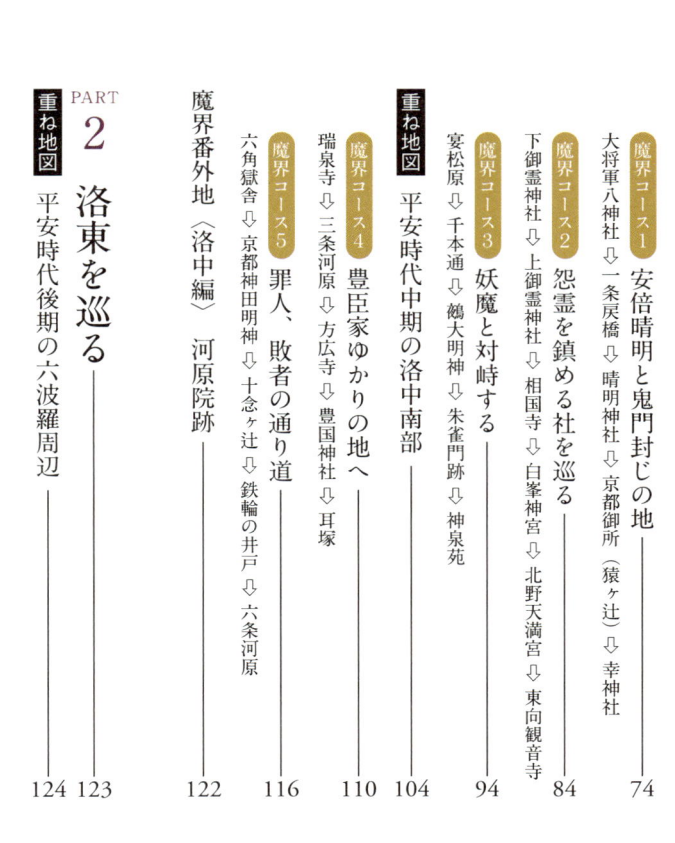

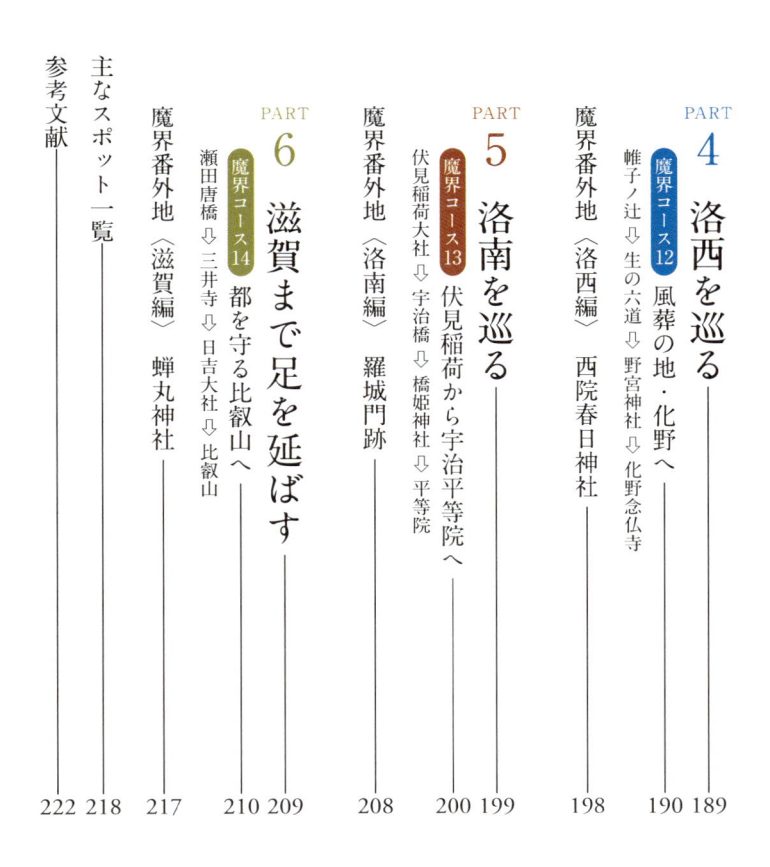

まえがき

魔界都市・京都を楽しむための道案内

千二百年もの歴史を持つ古都・京都は、たくさんの怨霊（おんりょう）や妖怪に脅かされてきたが、もはやそれらはすっかり鎮（しず）められ駆逐され、現代の京都市中を、たとえ夜であっても怨霊や妖怪たちが跋扈（ばっこ）しているわけではない。しかしながら、興味深いことに、京都には、過去において、為政者や住民たちが怨霊や妖怪と戦うために、たくさんの寺院や神社を建立し、呪的境界（結界（けっかい））を設けて、さまざまな祭祀を行った痕跡が、至るところに残っており、伝説も豊富である。

そもそも京都は呪われた都として出発した。京都に都を開いた桓武（かんむ）天皇は、さまざまな陰謀を巡らして排除してきた者たちの怨霊に、死ぬまで苦しめられた。とりわけ怖れたのは、長岡京の造営を任せていた藤原種継（ふじわらのたねつぐ）の暗殺事件にことよせて自死に追いやった、弟で皇太子でもあった早良（さわら）親王の怨霊であった。上御霊（かみごりょう）神社は、これらの怨霊を鎮めるために建立された神社であり、崇道（すどう）神

社は早良親王の霊のみを祀った神社で、社号の崇道は怨霊に苦しむ桓武が親王に崇道天皇の号を追贈することで怨霊を鎮めようとしたことに由来している。

日本の古代の都は、風水説・四神相応説という中国の都市プランに基づいて建設されたという。そうすることで繁栄が保たれると期待したわけだが、平安京の場合、桓武の思いもあって、さらに神仏双方を動員した呪的な防御の仕掛けが施されたらしい。四方八方に悪霊・外敵の侵入を阻止するための大将軍社・将軍塚を築き、鬼門（艮＝北東）の方角には延暦寺を建立した。また、内裏の背後の鞍馬山には、藤原伊勢人を介して強力な仏教の武神である毘沙門天を祀り、都の入り口には東寺と西寺を建立するとともに、羅城門の楼上にも毘沙門天を祀ったという。すなわち、そうした呪的仕掛けが施された場所が、当時の天皇や貴族たちが想定した異界・魔界との境界であり、その向こう側が死者や禍々しい者たちの棲む領域とみなされた。こうした境界を目安として、「洛中」と「洛外」という観念が生まれ、洛外は葬送の地とされ、たくさんの墓地や寺院が設けられることになったのであった。

千二百年余りに及ぶ京都の歴史では、多くの政争・騒乱があり、政権が交代

し、また疫病の流行や洪水・地震などの被害をこうむってきた。そのつど、多かれ少なかれ怨霊の跋扈や妖怪の出没が噂され、為政者たちを苦しめた。

例えば、北野天満宮は政争に敗れて大宰府で客死した菅原道真の怨霊を鎮めるために建立され、白峯神宮は保元の乱で敗れて配流先の讃岐で亡くなった崇徳院の怨霊を祀った神社であり、天龍寺は南北朝の動乱のさなかに亡くなった後醍醐天皇の怨霊化を怖れた足利尊氏が建立した寺である。祇園祭も、京の町にはびこる疫病の原因とされた怨霊を鎮めるための御霊会として始まった。

都を抱え込むようにして連なる周囲の山々は、神仏の聖地であるとともに、その背後には魔物・妖怪たちが隠れ潜んでいた。特に京都の人々は仏法を破壊するために出没した天狗を怖れた。天狗たちは、愛宕山や鞍馬山、比叡山の裏側の比良山の奥に隠れ棲み、僧侶をはじめとした京都の人々を脅かした。

鬼も、天狗と並んで怖れられた。その本拠地の一つが鞍馬山の近くの貴船山で、その奥には「鬼国」があり、鬼たちはそこから地下を通って深泥池の畔の穴から出て、一条通を経て洛中へと侵入してきたと考えられていた。大正の頃まで、その穴の跡を魔滅塚と称して節分に用いた豆を捨てるという習慣があ

ったというが、現在はその場所は不明である。貴船に鎮座する貴船神社は、謡曲「鉄輪」が物語るように、呪いを叶えてくれる、つまり生きながら人を鬼に変えてくれる神社として、古くから有名であった。

この他にも、京都には、小野篁が閻魔宮と往還したという六道の辻の珍皇寺、安倍晴明が式神を隠し置いたという一条戻橋、源頼光たちが退治した酒呑童子の首を祀ったという老の坂の首塚明神社等々、枚挙にいとまがないほど多くの魔界の痕跡がある。

こうした不思議な物語に彩られた魔界を巡り歩くなかから浮かび上がってくるのは、魔界から眺めた京都、陰影を持った京都であり、京都の人々の心象風景である。本書を携えて、「もう一つの京都」の歴史の魅力を存分に楽しんでいただきたい。

二〇一九年六月五日

監修者　小松和彦

京都現代 広域地図

0 3km
1:200,000
貴船山
鞍馬山
寂光院
三千院
貴船神社
鞍馬寺
鞍馬駅
貴船口駅
王都の艮へ――洛北の鬼門封じ（洛北3）P.182
叡山電鉄鞍馬線
P.162 水神と天狗の地、鞍馬・貴船への道（洛北1）
元三大師堂
坂本比叡山口駅
JR湖西線
八瀬比叡山口駅
岩倉駅
日吉大社
比叡山延暦寺
比叡山坂本駅
P.74 安倍晴明と鬼門封じの地（洛中1）
高山寺
P.172 北の魔境・蓮台野の伝説（洛北2）
北山駅
宝ケ池駅
赤山禅院
京阪石山坂本線
琵琶湖
風葬の地・化野へ（洛西1）P.190
烏丸線
一乗寺駅
都を守る比叡山へ（滋賀1）P.210
金閣寺（鹿苑寺）
P.94 妖魔と対峙する（洛中3）
下鴨神社（賀茂御祖神社）
北野天満宮
出町柳駅
化野念仏寺
嵯峨嵐山駅
P.84 怨霊を鎮める社を巡る（洛中2）
銀閣寺（慈照寺）
京都御所
大津京駅
びわ湖浜大津駅
嵐山駅
二条城
六道の辻で無常を感じる（洛東1）P.130
三井寺
祭りと祀り――祇園から東山をたどる（洛東3）P.150
大津駅
P.116 罪人、敗者の通り道（洛中5）
JR東海道本線（琵琶湖線）
山科駅
西芳寺（苔寺）
P.110 豊臣家ゆかりの地へ（洛中4）
清水寺
建都以前の弔いと信仰の地へ（洛東2）P.140
桂駅
東寺（教王護国寺）
京都駅
東福寺駅
東福寺
JR東海道新幹線
稲荷駅
伏見稲荷大社
椥辻駅
阪急京都線
桂川
鴨川
小野駅
竹田駅
醍醐駅
醍醐寺
JR東海道新幹線
伏見駅
丹波橋駅
東西線
伏見桃山駅
桃山駅
六地蔵駅
長岡天神駅
JR京都線
JR東海道本線
中書島駅
京阪宇治線
伏見稲荷から宇治平等院へ（洛南1）P.200
黄檗山 萬福寺
宇治川
三室戸寺
山崎駅
淀駅
宇治駅
八幡市駅
小倉駅
平等院
宇治駅
岩清水八幡宮
木津川
淀川
近鉄京都線
JR奈良線
京阪本線
宇治川

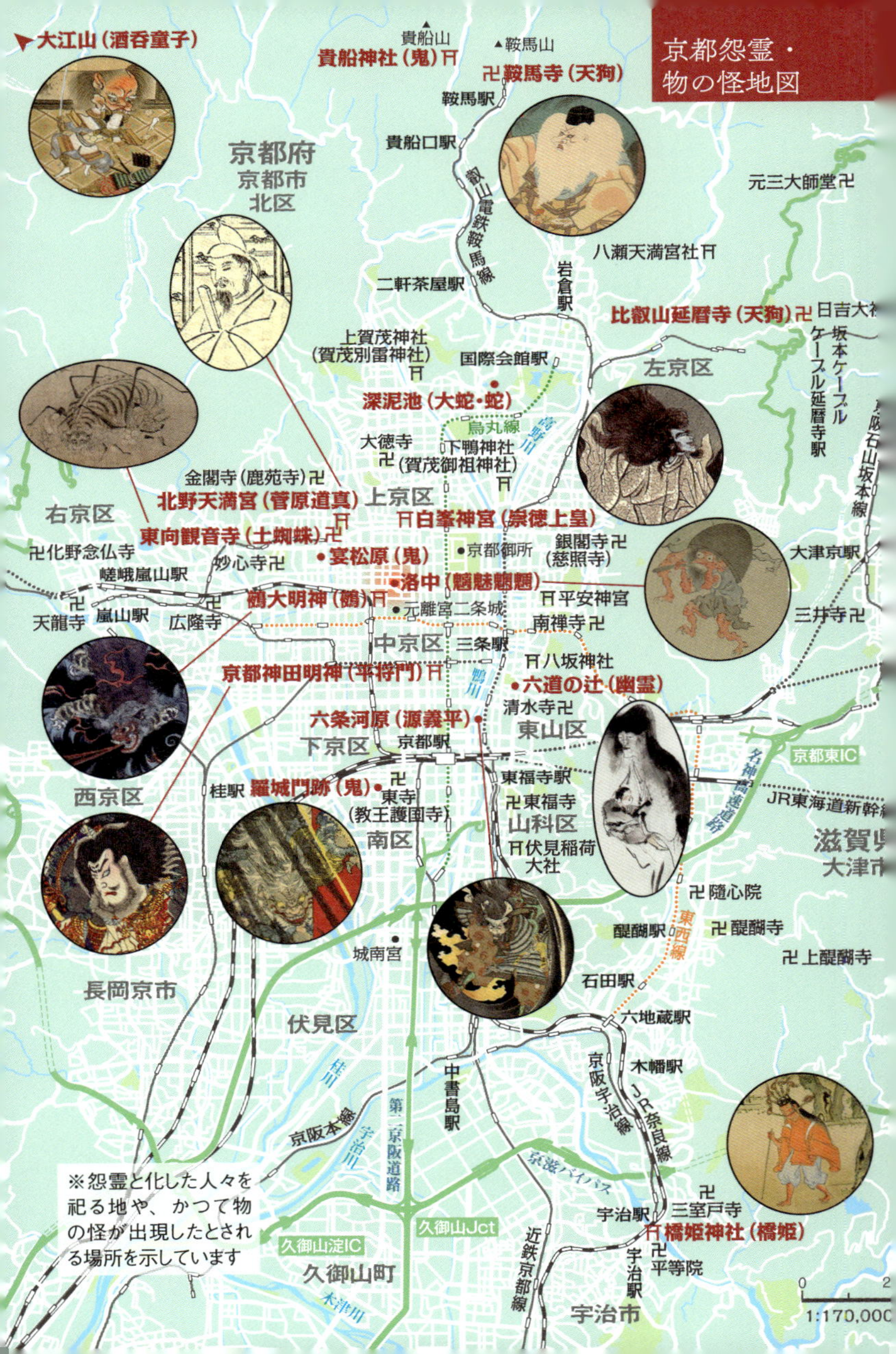
京都怨霊・物の怪地図
大江山（酒呑童子）
貴船山
貴船神社（鬼）
鞍馬山
鞍馬寺（天狗）
鞍馬駅
貴船口駅
京都府
京都市
北区
叡山電鉄鞍馬線
元三大師堂
八瀬天満宮社
岩倉駅
二軒茶屋駅
比叡山延暦寺（天狗）
日吉大社
坂本ケーブル
ケーブル延暦寺駅
上賀茂神社
（賀茂別雷神社）
国際会館駅
左京区
深泥池（大蛇・蛇）
烏丸線
高野川
大徳寺
下鴨神社
（賀茂御祖神社）
京阪石山坂本線
金閣寺（鹿苑寺）
北野天満宮（菅原道真）
上京区
右京区
白峯神宮（崇徳上皇）
東向観音寺（土蜘蛛）
化野念仏寺
妙心寺
宴松原（鬼）
京都御所
銀閣寺
（慈照寺）
大津京駅
嵯峨嵐山駅
洛中（魑魅魍魎）
平安神宮
天龍寺
嵐山駅
広隆寺
鵺大明神（鵺）
元離宮二条城
南禅寺
三井寺
中京区
三条駅
八坂神社
京都神田明神（平将門）
鴨川
六道の辻（幽霊）
清水寺
六条河原（源義平）
東山区
下京区
京都駅
京都東IC
名神高速道路
西京区
桂駅
羅城門跡（鬼）
東寺
（教王護国寺）
東福寺駅
東福寺
山科区
JR東海道新幹線
南区
伏見稲荷大社
滋賀県
大津市
随心院
醍醐駅
醍醐寺
東西線
上醍醐寺
城南宮
長岡京市
石田駅
六地蔵駅
伏見区
桂川
木幡駅
中書島駅
京阪宇治線
JR奈良線
京阪本線
第二京阪道路
宇治川
京滋バイパス
三室戸寺
宇治駅
橋姫神社（橋姫）
久御山Jct
久御山淀IC
久御山町
平等院
宇治駅
近鉄京都線
木津川
宇治市
0 2
1:170,000
※怨霊と化した人々を祀る地や、かつて物の怪が出現したとされる場所を示しています

地図の見方・備考

◇土地利用

- 公家・貴族・武家などの邸宅
- 寺社
- 官営施設など
- 平安宮
- 市
- 一般家屋・耕地・その他・不明
- 溝・池・湿地

◇各時代の地図について

※『中古京師内外地図』、『皇都往古図』などの古地図に加え、『京都歴史アトラス』（足利健亮 編／中央公論新社）、『京都時代 MAP 平安京編』（新創社 編／光村推古書院）などの書籍、ならびに発掘調査報告書を参考に制作しています。

※煩雑さを回避するために簡略化している部分があります。

※2019年5月現在の情報に基づいて制作しており、新発見などにより情報が古くなる場合があります。

※建物の位置などについては諸説ある場合があります。

◇散策コースについて

※テーマを重視しているため、実際に歩くのは一部困難な場合があります。

※煩雑さを回避するため、本来は存在する道を省略している部分があります。

※2019年5月現在の情報に基づいて提案しており、見学不可能になる場合もあります。

第一部

京の魔界を知る

平安の世、京の都では怨霊や物の怪が跋扈し、人々に災厄をもたらしていたという――。

第一部では怨霊とは、物の怪とは何か、それらと対峙した陰陽師や僧らはどのような役割を果たしていたのか解説する。妖魔から都を守るための風水説・四神相応説を用いた防衛システムも併せて紹介しよう。

世界有数の観光都市となった京都の、もう一つの顔が浮かび上がってくるだろう。

PART 1

京の都市設計

平安時代初期の京都周辺と四神

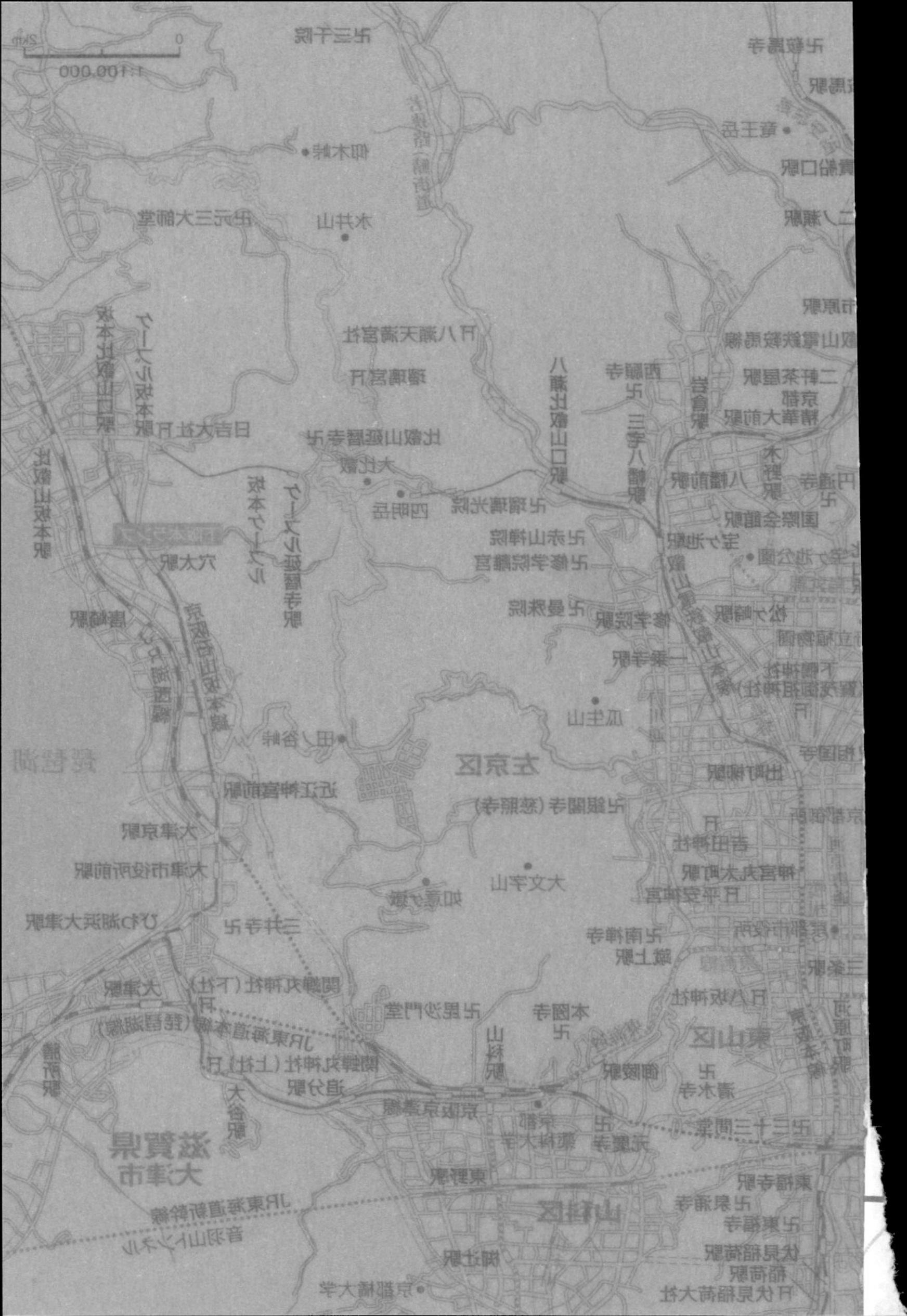
1:100,000
0
2km
卍三千院
卍鞍馬寺
鞍馬駅
竜王岳
貴船口駅
仰木峠
二ノ瀬駅
水井山
卍元三大師堂
市原駅
叡山電鉄鞍馬線
ケーブル坂本駅
坂本ケーブル
ケーブル延暦寺駅
八瀬天満宮社
瑠璃宮
日吉大社
比叡山延暦寺
大比叡
四明岳
卍瑠璃光院
八瀬比叡山口駅
三宅八幡駅
岩倉駅
卍西願寺
二軒茶屋駅
京都精華大前駅
八幡前駅
木野駅
国際会館駅
宝ケ池駅
宝ケ池公園
卍赤山禅院
卍修学院離宮
穴太駅
比叡山坂本駅
卍曼殊院
修学院駅
松ケ崎駅
京阪石山坂本線
唐崎駅
一乗寺駅
瓜生山
田ノ谷峠
左京区
琵琶湖
近江神宮前駅
出町柳駅
卍相国寺
卍銀閣寺（慈照寺）
大津京駅
吉田神社
大津市役所前駅
大文字山
如意ケ嶽
神宮丸太町駅
平安神宮
びわ湖浜大津駅
卍三井寺
卍南禅寺
蹴上駅
京都市役所
三条駅
大津駅
関蝉丸神社（下社）
八坂神社
卍毘沙門堂
本圀寺
東山区
JR東海道本線（琵琶湖線）
山科駅
膳所駅
関蝉丸神社（上社）
追分駅
御陵駅
卍清水寺
大谷駅
京阪京津線
京都薬科大学
卍元慶寺
卍三十三間堂
滋賀県
大津市
東野駅
東福寺駅
卍泉涌寺
山科区
JR東海道新幹線
卍東福寺
音羽山トンネル
伏見稲荷駅
椥辻駅
稲荷駅
京都橘大学
伏見稲荷大社

卍三千院
0
2km
1:100,000
卍鞍馬寺
鞍馬駅
鞍馬街道
竜王岳
若狭路（鯖街道）
仰木峠
貴船口駅
二ノ瀬駅
卍元三大師堂
水井山
市原駅
叡山電鉄鞍馬線
八瀬天満宮社
坂本比叡山口駅
ケーブル坂本駅
二軒茶屋駅
西願寺
八瀬比叡山口駅
瑠璃宮
京都精華大前駅
岩倉駅
三宅八幡駅
日吉大社
比叡山延暦寺
木野駅
円通寺
八幡前駅
大比叡
比叡山坂本駅
卍瑠璃光院
四明岳
坂本ケーブル
ケーブル延暦寺駅
国際会館駅
卍赤山禅院
宝ケ池駅
下阪本ランプ
宝ケ池公園
卍修学院離宮
穴太駅
烏丸線
叡山電鉄叡山本線
卍曼殊院
松ケ崎駅
修学院駅
唐崎駅
府立植物園
京阪石山坂本線
JR湖西線
一乗寺駅
下鴨神社（賀茂御祖神社）
瓜生山
田ノ谷峠
相国寺
琵琶湖
出町柳駅
左京区
近江神宮前駅
卍銀閣寺（慈照寺）
京都御所
大津京駅
吉田神社
神宮丸太町駅
大津市役所前駅
大文字山
如意ケ嶽
平安神宮
鴨川
三井寺
京都市役所
卍南禅寺
びわ湖浜大津駅
蹴上駅
三条駅
東西線
関蝉丸神社（下社）
八坂神社
大津駅
河原町駅
京阪本線
本圀寺
卍毘沙門堂
東山区
山科駅
JR東海道本線（琵琶湖線）
膳所駅
関蝉丸神社（上社）
清水寺
御陵駅
東海道
追分駅
京阪京津線
大谷駅
卍三十三間堂
元慶寺
京都薬科大学
滋賀県
大津市
東福寺駅
東野駅
卍泉涌寺
JR東海道新幹線
山科区
卍東福寺
音羽山トンネル
伏見稲荷駅
椥辻駅
稲荷駅
伏見稲荷大社
京都橘大学

貴船神社
夜泣峠
十三石山
神山
京都府
京都市
北区
京見峠
京都産業大学
真弓川
水谷川
田尻峠
朝日峯
峰山
清滝川
菩提川
高山寺
西明寺
神護寺
月輪寺
御経坂峠
沢ノ池
上賀茂神社（賀茂別雷神社）
光悦寺
原谷弁財天
大徳寺
佛教大学
平岡八幡宮
周山街道
金閣寺（鹿苑寺）
北大路通
堀川通
烏丸通
試峠
龍安寺
北野天満宮
今出川駅
保津峡
保津峡駅
大覚寺
広沢池
仁和寺
嵐電北野線
上京区
化野念仏寺
妙心寺
円町駅
西大路通
京都府庁
JR山陰本線
（嵯峨野線）
二尊院
嵯峨嵐山駅
太秦駅
丸太町通
丸太町駅
天龍寺
花園駅
元離宮二条城
渡月橋
嵐山駅
広隆寺
太秦天神川駅
二条駅
嵐山
嵐山駅
西高瀬川
法輪寺
東映太秦映画村
嵐電嵐山本線
中京区
西京区
右京区
四条通
烏丸駅
松尾大社
松尾大社駅
西院駅
五条通
鈴虫寺（華厳寺）
西京極競技場
阪急京都線
丹波口駅
東本願寺
西芳寺（苔寺）
阪急嵐山線
桂川
下京区
上桂駅
西京極駅
梅小路京都西駅
西本願寺
京都鉄道博物館
京都駅
西大路駅
桂離宮
近鉄京都線
南区
東寺
（教王護国寺）
桂駅
小畑川
JR東海道本線
（JR京都線）
十条駅
市立芸術大学

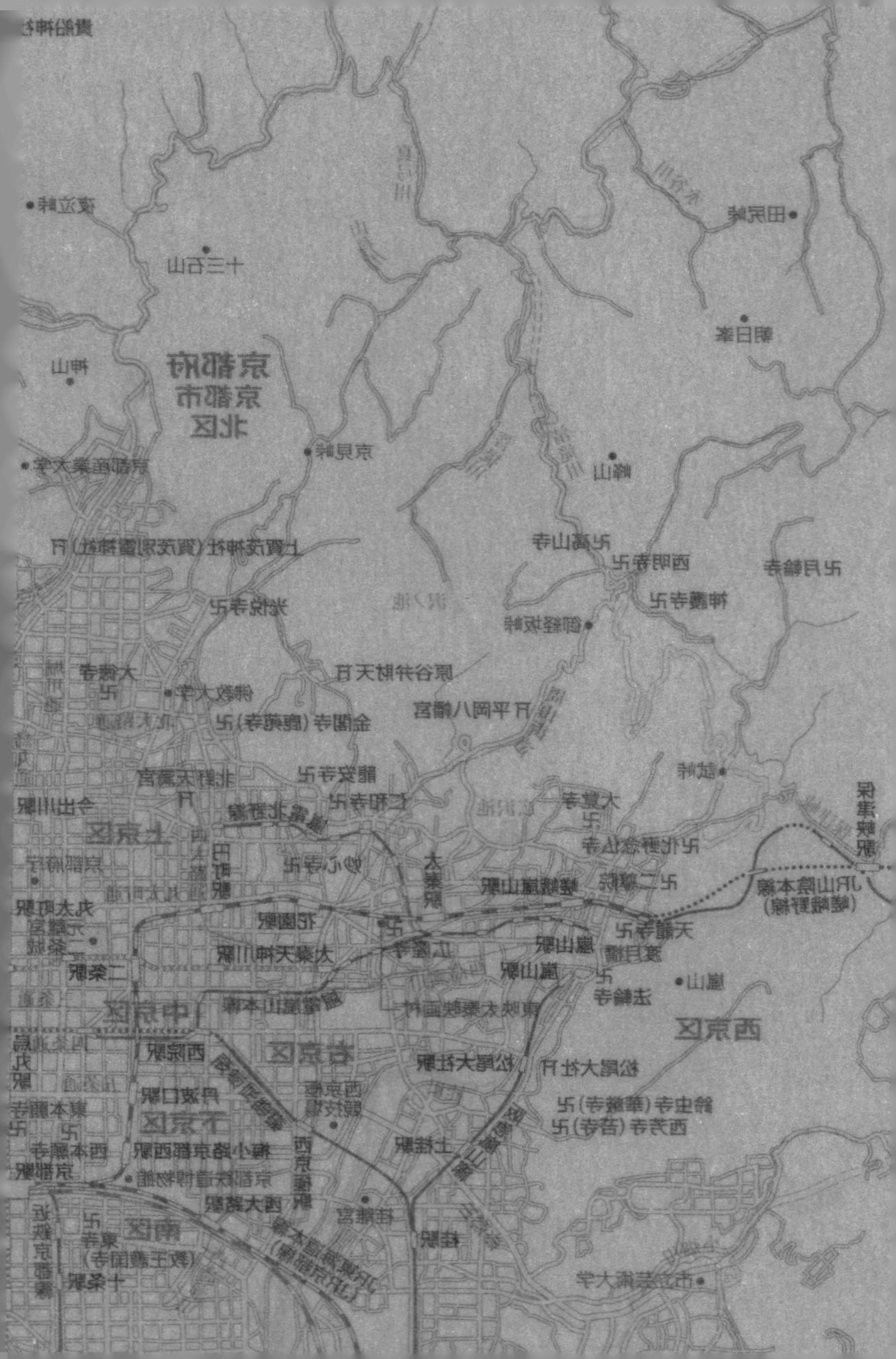

貴船神社
夜泣峠
十三石山
神山
京都府
京都市
北区
京見峠
京都産業大学
上賀茂神社（賀茂別雷神社）
光悦寺
大徳寺
佛教大学
原谷弁財天
平岡八幡宮
金閣寺（鹿苑寺）
北野天満宮
龍安寺
仁和寺
嵐電北野線
今出川駅
上京区
京都府庁
妙心寺
円町駅
太秦駅
丸太町駅
元離宮二条城
花園駅
広隆寺
大秦天神川駅
二条駅
中京区
嵐電嵐山本線
東映太秦映画村
右京区
西院駅
松尾大社駅
松尾大社
丹波口駅
下京区
西京極競技場
東本願寺
西本願寺
梅小路京都西駅
京都駅
京都鉄道博物館
西大路駅
西京極駅
上桂駅
桂離宮
桂駅
南区
東寺（教王護国寺）
十条駅
近鉄京都線
JR東海道本線（JR京都線）
阪急京都線
阪急嵐山線
西京区
嵐山
法輪寺
嵐山駅
渡月橋
天龍寺
嵯峨嵐山駅
二尊院
化野念仏寺
大覚寺
広沢池
保津峡駅
JR山陰本線（嵯峨野線）
試峠
御経坂峠
神護寺
西明寺
高山寺
月輪寺
峰山
朝日峯
田尻峠
鈴虫寺（華厳寺）
西芳寺（苔寺）
市立芸術大学

貴船神社
賀茂川
上賀茂神社（賀茂別雷神社）
北：玄武
一条大路
化野念仏寺
大内裏
広隆寺
朱雀門
西京極大路
西：白虎
朱雀大路
桂川
西寺
東寺
九条大路
羅城門
南：朱雀

平城京から長岡京への遷都

第五〇代・桓武天皇は、即位から三年後の延暦三年（七八四）、約八〇年間続いた平城京の放棄を決断する。平城京を支配していた旧勢力を排除することが、その目的であった。

それより百年ほど前の六七二年、天智天皇の後継をめぐって、その弟の大海人皇子と子の大友皇子との間に壬申の乱が起こった。勝利した大海人皇子が即位して天武天皇となり、以後、その子孫が皇統を継いできた。ところが、四八代・称徳天皇のときに天武系が途絶えたため、天智天皇の孫にあたる光仁天皇に皇位が回ってきた。その子が桓武天皇である。

平城京には、何代にもわたる天武系の天皇に仕えてきた貴族たちがひしめいている。加えて、東大寺をはじめとする大寺院が勢力を広げ政治を左右するようになっていた。天智系であるため確かな基盤を持たない桓武天皇は、即位早々、守旧派の氷上川継の謀反という窮地に立たされた。

こうした政情不安に決着をつけるには、平城京を放棄して、守旧派のいない土地に

平安京復元模型（京都市平安京創生館所蔵）。左京（写真右側）に比べ右京は緑が多く市街地が少ない

新たな都を造るのが手っ取り早い、と桓武天皇は考えたのである。

桓武天皇が目をつけたのは、山背国（やましろのくに）に広がる京都盆地の南西部の長岡の地であった。淀川に近く、山陽道と山陰道の起点となる交通の要衝である。延暦三年（七八四）、ここに大規模な土木工事が開始され、突然、遷都の宣言が発せられた。

出しぬかれた守旧派は、桓武天皇の寵臣で、新都造営の指揮者である藤原種継（ふじわらのたねつぐ）の暗殺という非情な手段に打って出た。朝廷側はただちに反撃に出て、首謀者の大伴継人（おおとものつぐひと）を逮捕し、共犯者を次々とあげていった。そのなかには、桓武天皇の弟で皇太子の早良（さわら）親王も含まれていた。乙訓寺（おとくにでら）に幽閉された親王は、無実を訴えて絶食し、淡路島に移送の途中、衰弱死してしまう。桓武天皇は実子である安殿親王（あてのみこ）を皇太子に立てた。早良親王が藤原種継の暗殺に加担したという確実な証拠があったわけではないが、弁明の機会も与えずに処罰している。

朝廷が「怨霊」の存在を認める

反対派は一掃されたにもかかわらず、新都の造営は進まなかった。今度は天変地異がじゃまをしたのだ。洪水が造営途中の長岡京を襲って完成したばかりの門が倒壊し、近郊の農村でも大きな被害が出た。新都造営のための労役で大きな負担を強いられていた人民の不満はつのっていく。

それればかりではない。桓武天皇の母・高野（たかの）皇太后と、后の乙牟漏（おとむろ）が相次いで死去し、早良親王に代わって皇太子となった安殿親王までが病に倒れたのである。病平癒の祈禱が行われたが、回復の兆しはなく、桓武天皇はついに占いに助けを求めた。その結果は、正史である『日本後紀』に残された記述によれば、「早良親王の怨霊（おんりょう）の祟り」であった。

実は、これが正史に「怨霊」という言葉が登場した最初である。それ以前にも怨霊というものが存在していたのかどうかはわからない。神仏の祟りについての記録はあるが、恨みを抱いて死んだ人間が現世の人間に祟ったという事例は見当たらない。

おそらくは、早良親王の怨霊が登場する以前から、人々は怨霊という現象をそれとなく感じていたと考えた方がよいだろう。けれども、漠然と感じているのと、はっきりと認識するのとでは、まったく性質が違う。正史に「怨霊」という文字が書かれたということは、朝廷が怨霊の存在を公的に認めたということだ。すなわち、早良親王の命を奪ったために登場した怨霊に対して、朝廷は責任があり、対策を打たなければならない立場となったのである。

ただちに早良親王の遺骸が葬られた淡路島に、陳謝のための使者が派遣された。崇道天皇を追号し、淡路島から大和への移葬も行われた。だが皇太子の病は癒えず、災害はやまない。早良親王が幽閉され、絶食で抗議した乙訓寺は長岡京内にあり、日々目にしていなければならない。怨霊にとり憑かれた場所で天下の政治などできるだろうか。桓武天皇は造営途中の長岡京の放棄へと追いつめられたのである。

平安京の都市計画

二度目の遷都の場所として桓武天皇が選んだのは、山背国に広がる京都盆地の北のはずれであった。長岡京にくらべて、南都の平城京からも、海外使節の船舶が停泊す

乙訓寺。早良親王の幽閉と遷都により寂れたが、空海が別当を務め真言宗の寺となった

『桓武天皇像』（比叡山延暦寺所蔵）。終世、早良親王の怨霊に苦しめられた

る難波津からも、さらに遠ざかる。周囲を山に囲まれた辺境の地であるが、桓武天皇は、この山々を自然の城壁と見たようだ。国名を「山城国」と改め、永遠に安泰の都であるようにという願いをこめて「平安京」と命名して、延暦一三年（七九四）に遷都した。

大規模な都の建設は、飛鳥時代の藤原京から数えて三つ目、長岡京も加えれば四つ目となる。最初の藤原京は六九四年に完成し、わずか一六年後の七一〇年に平城京への遷都となった。都の構造が中国の都とは異なっていたことが、その大きな理由だったと考えられている。中国では、王宮が都の中央北詰に位置するのが原則である。これは、皇帝を宇宙の中心である北極星になぞらえて、皇帝は北を背にして立ち、南に人民を見て政治を行う、という思想によるものだ。ところが、藤原京では王宮が都の中央に位置していた。海外

背後に山がそびえる京都市街。桓武天皇は山々を自然の城壁と見て、山城国と改名した

からの使者を迎えるとき、これでは不体裁だったのである。

そこで平城京では、中国にならって、天皇の住居である内裏や政治を行う紫宸殿（ししんでん）などの建ち並ぶ大内裏（だいだいり）を中央北詰に置いた。そうすると、大内裏の南の玄関口である朱雀門（すざくもん）から都城の南端の羅城門（らじょうもん）まで、幅八五メートル、長さ三・七キロメートルという長大な朱雀大路が南北に走ることになり、都としての威容が増した。朱雀大路の東に左京（さきょう）、西に右京（うきょう）が置かれ、どちらも南北と東西の直線の道が碁盤の目のように交差する条坊制（じょうぼうせい）で整然と区画された。この条坊制こそは農地の条里制とともに、法律と官僚制度によって国家を合理的に運営しようという古代の律令制度に基づいた都市の姿である。

新都の平安京も、平城京の基本構造を受け継いだが、違いもある。平城京には多くの伽藍（がらん）が建ち並んでいた

東寺。空海に与えられ密教の根本道場となった。五重塔は江戸時代に再建されたもの

のに対し、平安京には、羅城門の左右に置かれた東寺（とうじ）と西寺（さいじ）を除いて、寺院が建てられなかったのだ。これは、奈良時代に政治の弊害となるまでに拡大した仏教勢力を排除するためであり、南都の寺院の新都への移転は許されなかった。

中止された新都造営

　このように日本の都は、中国の長安や洛陽などの都市をモデルに設計された。けれども、中国と日本で大きく異なる点もある。城壁の有無だ。中国の都は周囲を石造りの高い城壁で囲まれた堅牢な要塞であった。北狄（ほくてき）・東夷（とうい）・南蛮（なんばん）・西戎（せいじゅう）と呼ばれた異民族から首都を守る必要があったのである。都市全体が一つの大きな城であり、このような都を都城と呼ぶ。

日本でも、平安京や平城京は都城と呼ばれたが、朝廷を脅かすような異民族が存在しなかったので、城壁は不要であった。もちろん、平安京も早良親王の怨霊から朝廷を守るという意図をもって造営されたのであるから、防塞的な要素を持っていなければならないはずである。しかし怨霊は異民族とは異なって、目に見えず触れることもできない。こうした超自然的な敵に対して、城壁が役に立つとは考えられなかったのだろう。

ところが、城壁を築く必要がなかったにもかかわらず、平安京の造営は間もなく資金難にぶつかった。新都造営と並行して、東北地方を平定するための大遠征軍が派遣されていたからである。それらの負担は人民に重くのしかかり、朝廷に対する怨嗟の声が日増しに大きくなっていった。

遷都から一一年が過ぎた延暦二四年（八〇五）、桓武天皇は藤原緒嗣（ふじわらのおつぐ）と菅野真道（すがののまみち）を宮中に呼び、後に「天下徳政相論」と呼ばれるようになる諮問会議を開催した。両者の意見は真っ向から対立したが、桓武天皇は、「天下の人民が苦しんでいるのは遠征軍の派遣と新都の造営が原因ですから、これらを止めれば、人民は安楽に暮らすことができるでしょう」という緒嗣の意見を採用し、工事の中止を宣言する。その翌年、天皇は崩御し、平安京は未完の都となったのである。

四神と鬼門の守りに囲まれた都市

平安京は条坊制によって整然と区画されている。このような都市で、律令制という合理的な政治が実施されていれば、怨霊などという不合理な凶事が入り込む隙はないと感じられる。

しかし、桓武天皇は、実は神秘的な力を頼みにしていたのではないか、とも見られているのだ。というのも、平安京の構造をよく見ると、陰陽道(おんみょうどう)の風水の思想と一致する部分が多いからだ。風水では、地勢と水勢に基づいて、北に玄武(げんぶ)、東に青龍(せいりゅう)、南に朱雀(すざく)、西に白虎(びゃっこ)という四匹の神獣を配置する。これらの守護神が四方に睨みをきかすことにより、災いをもたらすものの都市への侵入が防がれるとされる。

平安京において北の玄武にあたるものは船岡山(ふなおかやま)である。標高一一二メートル、東西二〇〇メートルの孤立した丘陵だ。玄武は亀ないし蛇の巻きついた亀の姿で表されるが、まさに船岡山こそは、不動の亀が巨大な甲羅を伏せた形をしている。天皇の住む大内裏の北にそびえるこの山が、南を向いて人民を治める天皇の背後を守っているのである。

次に、東の青龍に相当するのは、京都盆地の東側を流れる鴨川である。龍は、日頃、

都の守護神・四神

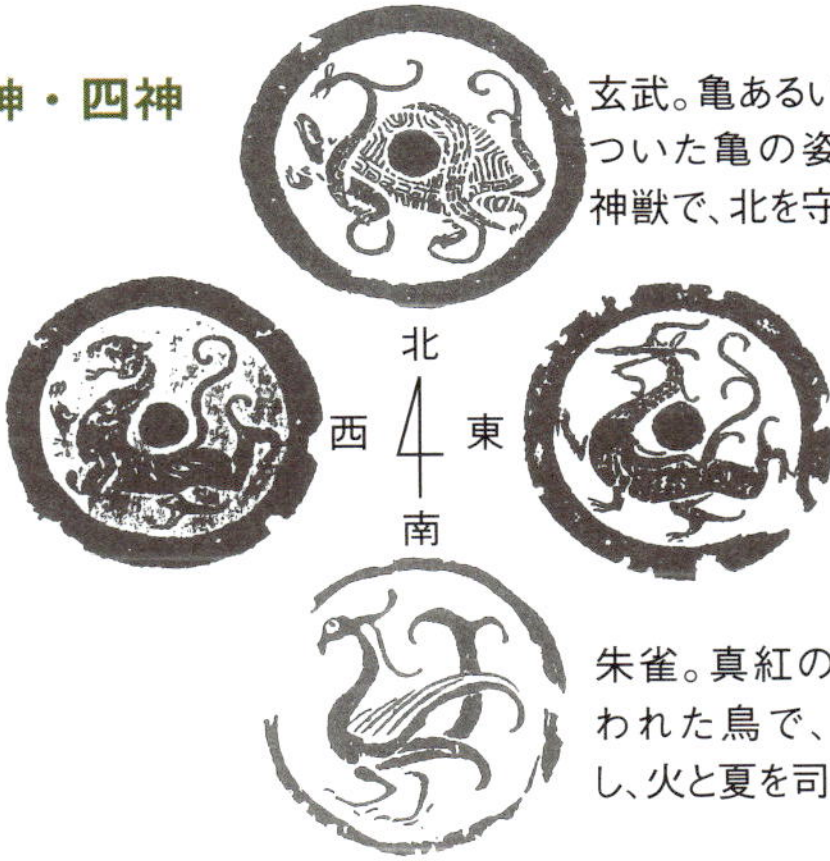

玄武。亀あるいは蛇の巻きついた亀の姿で表される神獣で、北を守護する

白虎。西を守護する神獣。実在の虎よりも胴体が細長く、龍に近い姿で描かれる

青龍。東を守護する神獣。蛇のような胴体に前足と後ろ足がある

朱雀。真紅の羽毛に覆われた鳥で、南を守護し、火と夏を司る

川や湖などの水中に棲み、ときたま天空に駆け登って風雲を起こし、水を恵む。新都造営の際、鴨川は都の東端の辺に平行に流れるように整えられたという説がある。なかほどで、わざと都側へ曲げられているが、これは龍の生気を水流の変化で表したものだといわれる。

南の守護神である朱雀とは鳥の姿をした神獣で、瑞鳥（ずいちょう）として崇められる鳳凰（ほうおう）と同一視されることもある。平安京でこれに相当するのは、巨椋池（おぐらいけ）だ。現在では干拓により消失したが、平安時代には羅城門を出て、さらに南へ下っていくと、巨椋池という巨大な湖が満々と水をたたえていた。それは翼を広げた朱雀を思わせ、また朱雀が巣食う水辺とも考えられた。

そして西の白虎に対応するのは、都の西面に並行して走る木嶋大路である。幅が広く真っ直ぐな道は、陸上を迅速に駆ける白虎にふさわしい。平安京から地方へ通じる街道はすべて南の羅城門が起点であるから、木嶋大路は実用性に欠ける。そんな道を、なぜわざわざ都の西側に造ったのか。古代において、道は人間界と異界を結ぶ通路とも考えられていた。木嶋大路は白虎が巡回し、都にはびこる悪を異界へと追い返すための通路だったのではないか。

そして、もう一つ、陰陽道において重要なのは、艮（北東）、すなわち鬼門の守りである。鬼は艮の方角からやってくると信じられたので、この方面の守りをおろそかにすることはできない。その防衛拠点とされたのが、比叡山延暦寺である。延暦寺は平安京遷都の六年前の延暦七年（七八八）、最澄が創建した一乗止観院という小さな堂宇に始まった。当初は天台宗の道場だったが、しだいに台密と呼ばれる独特の密教が発達し、鬼門の守りとしての機能を備えていった。

怨霊と妖怪がはびこる都市

このように平安京は、陰陽道の風水思想にのっとって四匹の神獣と鬼門の守りを置いた、強力な防衛網を施された都市であったと考えられるのだ。とすれば、城壁など

鴨川。現在は京都市街を流れているが、もとは平安京の東端の外側にあった

もとより必要ないし、土木工事を完成させる必要もなく、桓武天皇が造営を中断したのも、もっともなことだと頷ける。

けれども、この判断は本当に正しかったのだろうか。というのも、造営工事が中断された平安京には、土地の形状に起因する問題があからさまに現れてきたからだ。

京都盆地は北東から南西に向かって土地が傾斜している。特に右京のなかでも南西部は湿地帯であり、洪水の被害を受けやすかった。

その結果、平安京は、左京を中心に発展していき、東側は本来の境界を越えて鴨川の対岸まで街が膨張する一方、西側の境界は人が住まないためにあいまいになった。条坊制によって整然と区画された長方形の都市としての平安京は、実は図面上での理念的なことにすぎない。

問題は、都市が成り行きまかせに退化していったために、その周囲に配置された四神も力を失ったように見えることだ。放棄された右京の湿地帯は魑魅魍魎（ちみもうりょう）の格好の住処（すみか）となり、都全体を取り巻く自然の城壁であったはずの山地は天狗の住処となった。さらに鬼門の守りであるはずの延暦寺も僧兵の巣窟となり、都に強訴（ごうそ）を繰り返して政治を揺るがした。

こうして、平安京は怨霊や妖怪が自由に侵入する、異界と現実が混合した空間となったのである。とりわけ都と外界の境界に設けられた門や橋は異界の侵入に対して脆弱で、鬼が棲みつき都の住人を苦しめた。それ以上に無防備な空からは、さまざまな妖怪が内裏にまで飛来しては天皇を苦しめ、雷（いかずち）となった怨霊が猛威をふるった。

都市全体を総体的に守る四神という防衛網が失われた以上、一つひとつの凶事に個別に戦うほかはない。占いによって凶事の原因をつきとめ、呪力によって祟りを鎮める陰陽師や密教僧の活躍が始まった。

そして、怨霊および妖怪と、陰陽師および密教僧という二つの勢力の戦いが、日夜繰り広げられることになったのである。

PART 2

怨霊と物の怪

怨霊とは何か

古代の人々は、人が死ぬと、その魂は山の奥深くや海の彼方に飛んで行き、そこに安住の地を得て平安に暮らすと考えた。しかし妬みやゆえなき不正を受けて非業（ひごう）の死を遂げた人の場合には、その魂は安住の地へたどり着くことなく、人間界をさまよい続け、人にとり憑いて災いを与える。これが怨霊の祟りである。したがって、怨霊とはわけもなく一方的にやってくるものではなく、誠意をこめて謝意を表せば、鎮めることもできるものであった。

問題は、皇族や貴族、武士や学者など、名のある人物が怨霊となった場合である。こうした怨霊は個人的な恨みをはらすために生前の敵にとり憑くだけではない。疫病を流行させ、天変地異や戦乱を招き、その祟りは政治体制や社会をひっくり返すまで鎮まらない。そのため、朝廷にとっては、怨霊対策こそが最大の政治課題となった。そうした強大な怨霊のなかでも最も恐れられたのが、菅原道真（すがわらのみちざね）、崇徳院（すとくいん）、平将門（たいらのまさかど）の三大怨霊である。

早良親王――史上初めて怨霊と認められる

早良親王は、24ページで紹介したように、史上初めて公的に怨霊と認められ、平安

崇道天皇社。奈良市西紀寺町に鎮座するが、同天皇を祀る神社はこの他にも各地にある

京遷都のきっかけとなった人物である。しかし藤原種継暗殺が早良親王によるものであったかどうかは、今も歴史の大きな謎として残されたままだ。桓武天皇が、実子である安殿親王を皇太子とするために藤原種継暗殺事件を利用して、早良親王を失脚させ死に追い込んだ可能性も否定できない。

早良親王は、幼時から仏道をこころざして南都の東大寺で学び、一一歳で出家、二一歳で受戒した。俗世の権力闘争とは相容れない精神世界に生きていたように思われるが、東大寺に住んでいれば、遷都に反対する南都の勢力と交流があってもおかしくはない。

いずれにせよ、早良親王が怨霊に祀り上げられたことは、桓武天皇を頂点とする遷都推進派の早良親王への恐れがいかに強いものであったかを物語る。

菅原道真——最も恐ろしい怨霊から天神様に変身

「天神様」と呼ばれ、学問の神様として親しまれている菅原道真は、平安時代に最も

『松崎天神縁起絵巻』（山口県防府天満宮所蔵）。菅原道真が天神となり御所を襲っている

恐れられた怨霊の一人であった。

承和一二年（八四五）の生まれ。学者として名をなし、宇多天皇の信任を受けて異例の早さで出世して右大臣に上りつめた。国際情勢に明るく、遣唐使の停止を提言するなど、すぐれた政治手腕を発揮する。

しかし、摂関家の勢力拡張を目論む左大臣・藤原時平とぶつかり、その讒訴を受けて、延喜元年（九〇一）、大宰府に左遷された。道真はその二年後、失意のうちに大宰府で病死。その直後から都では、左遷にかかわった皇族や貴族たちが謎の死を遂げ、御所の清涼殿に落雷があって多数の死傷者が出るなど、祟りが始まった。

そこで朝廷は、道真の怨霊を鎮めるために天満天神として祀り、これが後に北野天満宮となった。一般に、怨霊への恐れは、それを鎮めて平和を祈念する御霊信仰へと変化していく。しかし、道真のように庶民から愛される神となり、信仰が現在も続いている例は他にはない。

『崇徳院』歌川国芳。怨霊になり、大天狗の姿となって、天変地異を引き起こしている

崇徳院――大天狗となって復讐することを誓う

保安四年（一一二三）、鳥羽天皇が退位して、わずか五歳の崇徳天皇が即位した。これは白河上皇の意向によるもので、実は崇徳天皇は鳥羽天皇の子ではなく白河上皇の落胤であったのだ。苦汁をなめさせられた鳥羽上皇は、白河法皇の崩御を待って崇徳天皇を引きずり下ろし、実子の近衛天皇、次いで後白河天皇を即位させた。

その鳥羽上皇が崩御すると崇徳上皇の反撃が始まる。藤原頼長と結んで、後白河天皇に対して兵を起こし、保元の乱となった。だが上皇方の敗北に終わり、讃岐に流された崇徳上皇は、今度は大魔縁という天狗になって復讐することを誓う。自ら嚙み切った舌の血で大乗経に誓文を書き付け、海底に沈めた。

長寛二年（一一六四）、崩御とともに崇徳上皇の誓いは成就する。翌年に後白河上皇の子・二条天皇が突如崩御したのを皮切りに、皇族や貴族の死去が相次ぎ、大火災が都を舐めつくした。朝廷は「崇徳院」を追贈して慰撫したが効き目はなく、世の中の混乱は増すばかりであった。

『平将門島広山討死の場』（国立国会図書館所蔵）。島広山には将門の本拠地があった

平将門――さらされた首が復讐を誓い東国へ飛ぶ

平将門は下総国の豪族であったが、次第に勢力をのばして関東の大半を支配した。天慶二年（九三九）には新皇（しんのう）を自称して朝廷に真っ向から歯向い、史上最大の逆賊となった。

翌年、将門は、平貞盛（たいらのさだもり）や藤原秀郷（ふじわらのひでさと）が率いる四〇〇〇の討伐軍を手元のわずかな兵で迎え撃つ。当初、将門は追い風に乗って優勢であったが、突如風向きが変わると、討伐軍が盛り返した。そして、どこからともなく一本の矢が飛んできて、将門の額を射抜く。将門の野望はあっけなくついえ去った。

将門の首は京都に送られて、三条河原にさらされた。しかし目を見開いたままで、生きているかのよう。ついには笑い出し、「俺の胴はどこだ、首をつないでもう一戦しよう」と叫んだという。首は宙に舞い上がり、故郷へと飛んでいった。

首が落ちたとされる場所は数カ所あるが、いずれも首塚が造られた。将門の祟りは今も恐れられており、戦後、米軍が東京大手町の首塚を撤去しようとしたときにも、住民らの猛反対により断念したほどである。

藤原頼長像（『公家列影図』より）。苛烈な性格から悪左府（力強い左大臣）と呼ばれた

藤原頼長──崇徳院とともに戦い、ともに怨霊となる

藤原頼長は、保安元年（一一二〇）、関白・藤原忠実（ふじわらのただざね）の次男として生まれた。僧・慈円（じえん）の著した歴史書『愚管抄（ぐかんしょう）』に「日本第一ノ大学生（だいがくしょう）」と讃えられたほどの学識の持ち主である。一七歳で内大臣となり、三〇歳で従一位・左大臣に上りつめ、父・忠実から氏の長者を譲られて摂関家の将来をたくされた。しかし、この異例の出世をねたむ兄・忠通（ただみち）との反目は深まり、また非常な理想主義者であったために厳格な政治を行った結果、朝廷のなかで孤立していった。

そんな頼長が心を寄せたのが、不遇をかこつ崇徳上皇であった。保元元年（一一五六）、頼長は上皇とともに保元の乱を起こす。だが失敗し、頼長は流れ矢に首を貫かれて死に、遺体は検分の後、道端に打ち捨てられた。

乱後、都を震撼させた相次ぐ災いは、どれが頼長の怨霊によるもので、どれが崇徳院の怨霊によるものかをいうことは難しい。二人の怨霊が連動したために、朝廷のおののきは一層強いものとなったのである。

『新形三十六怪撰　布引滝悪源太義平霊討難波次郎』（国立国会図書館所蔵）

源義平――平清盛の暗殺に失敗し、雷となって復讐する

源義平（みなもとのよしひら）は、源氏の棟梁・源義朝（みなもとのよしとも）の長男で、鎌倉幕府を開いた源頼朝（みなもとのよりとも）や平氏を壇ノ浦で滅亡させた源義経（みなもとのよしつね）の異母兄にあたる。

久寿二年（一一五五）、武蔵国で源氏の内紛が発生すると、わずか一五歳で合戦に参加。父・義朝に従わない叔父・源義賢（みなもとのよしたか）を急襲して、その首をあげた。その勇猛果敢ぶりに人々は驚き恐れ、悪源太（あくげんた）の異名をささげた。

源氏と平氏が雌雄を決した平治の乱のときには一九歳。石切の太刀を振るって参戦し、わずか十数騎で平重盛の軍五〇〇〇騎を蹴散らすが、乱は平氏の勝利となった。

義平はいったん落ちのびた後、一人で都に忍び込み、平清盛（たいらのきよもり）の命を狙う。しかし捕らえられ、六条河原で首を切られた。そのときの処刑役となった難波経房（なにわつねふさ）に「雷となって復讐してやる」と復讐を誓う。その言葉の通り、数年後に経房は雷に打たれて死亡した。都には義平の怨霊への恐怖が渦巻いたため、平清盛は高僧を集めて大般若経を読誦させ、祟りを鎮めなければならなかったのである。

物の怪とは何か

怨霊は誰々がこれこれの理由によって怨霊となったというように、その由来と名がはっきりしている。

だが、まず怨霊がいて災いや怪異現象が起こるのではなく、先に災いや怪異現象があって、その原因の究明が陰陽師にゆだねられる。そして陰陽師が、復讐をしている死者の名を言い当てて初めて、怨霊として認知される。

けれども、怨霊に帰することのできない災いや怪異現象は多い。自然そのものが、人知のおよばない不可思議な現象に満ちている。そのなかには、怨霊と同様、人を苦しめ、祟っていると思われるものもある。それらの目に見えず、漠然として、つかみどころのない原因を、人々は物の怪に帰した。

だが、いつまでも物の怪は不可視のままにとどまっていたわけではない。おそらくは絵画に描き表される必要性にかられて、仏教や陰陽道の影響を受けながら、恐るべき具体的な姿が視覚化されていった。そして、数々の妖怪が出現したのである。

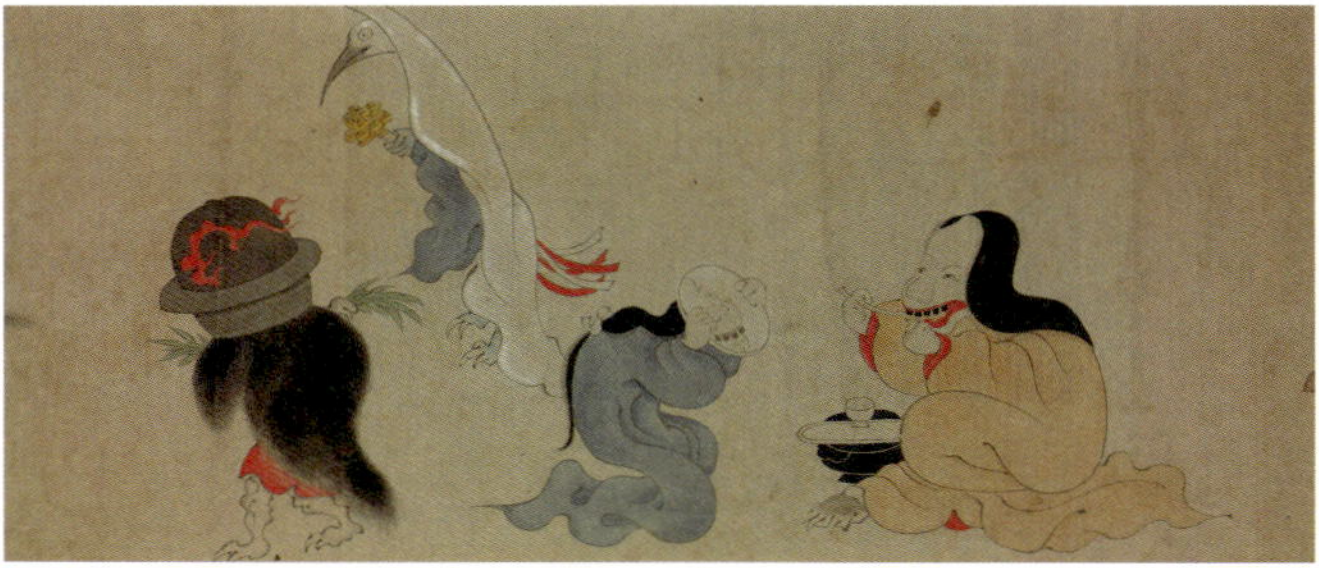

『百鬼夜行絵巻』（国立国会図書館所蔵）。「鬼」とはあらゆる姿の妖怪のことだった

魑魅魍魎——森羅万象の精気から生まれた妖怪

「鬼」の偏がついた四つの漢字が並ぶ、見るからに不気味な熟語である。四つの文字はすべて化け物のこと。「魑（ち）」は虎の姿をした山の神、「魅（み）」は猪の頭と人の胴体を持った沢に棲む神で、両者を合わせて「魑魅（ちみ）」という。「魍魎」は山・水・木・石の精気から生じる怪物だ。したがって、魑魅魍魎（ちみもうりょう）とすれば、森羅万象、あらゆるところに棲みついた妖怪の総称になる。

自然界における不気味な出来事はすべて魑魅魍魎の仕業とされた。山中でこだまが返ってくるのは、魑魅魍魎が人の言葉を真似たのだ。突然天候が変化するのも魑魅魍魎の仕業である。また魍魎は死者を食べるともいわれるが、これは放置された死体が腐敗していく現象を魍魎が腐肉をむさぼっていると思ったのだろう。

もともとは、自然界の精気から生まれた神々と区別はなか

『羅城門渡辺綱鬼腕斬之図』（国立国会図書館所蔵）。下に切先が見えるのが名刀鬼切

ったとされるが、しだいに鬼に似た恐ろしい姿を持つと考えられるようになった。絵画では、赤黒い肌を持った幼児や、赤い目と長い耳と美しい髪を持った人の姿で表される。

鬼――隠れて姿を現さない異形の者たち

鬼といえば、牛の角を生やし、虎の皮の褌（ふんどし）をはいた姿を思い浮かべる。だが、これは陰陽道で艮（うしとら）（丑寅）の方角を鬼門ということから連想されたイメージだ。

実際の鬼には、牛や馬の頭を持ち牛頭馬頭（ごずめず）と呼ばれる地獄の獄卒や、一つ目などさまざまな姿がある。鬼という言葉は「隠（おん）」から派生したという説もあるように、隠れていて目に見えない怪しげな異形のものはすべて鬼と呼ばれた。「鬼神（きしん）」といえば超人的な力を持った神や死者の霊のこと、「百鬼夜行（ひゃっきやぎょう）」といえば夜中に列をなして歩きまわる妖怪の群のことだ。

鬼は現世と冥界の境界を好んで住処とした。平安京の門や橋など、都の内と外を限る場所に鬼が現れて、通行人を襲う話が多い。

平安時代に最も恐れられた鬼は、都の北西、丹波国の大江山に棲んでいた酒呑童子である。手下の鬼たちに命じて貴族の娘を誘拐させ、その肉を肴に酒宴にあけくれていたという。朝命によりこの酒呑童子を征伐したのが、60ページで詳述する源頼光である。

天狗――修験者や僧侶が神通力を求めて天狗になる

山は都や里に対する異界であり、怪異現象が頻繁に起こる魔所であった。深山の霊木や岩場には、天狗が棲み、空中を飛びまわり里に現れて、神通力で人を驚かす。天台宗の聖地・比叡山も、もとは次郎坊という天狗の住処であった。最澄によって延暦寺が創建されると、次郎坊は隣の比良山に退き、比良山次郎坊と呼ばれるようになる。だが、比叡山から天狗が一掃されたわけではなく、居残った天狗たちの住処は天梯権現と呼ばれ、比叡山の魔所として恐れられた。

　この天狗の神通力にあこがれ、それを自分のものとしてこそ霊験を発揮できると考えたのが修験者である。天狗の弟子になるために深山の魔所で修行し、ついには自らが天

『鞍馬山ノ僧正坊』（立命館ARC所蔵）。もと天台宗の僧らしく、袈裟を着ている

狗に変生する者もいた。そのため、天狗はたいてい山伏の姿をしており、「〇〇坊」のように僧侶の名で呼ばれることが多い。

鞍馬山の僧正坊は、もとは天台宗の壱演僧正であった。光仁・桓武天皇に仕えた和気清麻呂の子孫である。将来を嘱望された秀才であったが、修験道にとり憑かれ、鞍馬山に隠棲してしまう。そのまま行方不明となるが、実は鞍馬山の奥ノ院に棲む天狗・魔王尊に弟子入りし、自ら天狗になったのであった。鞍馬寺に幽閉された若き日の源義経、牛若丸に武術を教えたのも、僧正坊であると伝えられる。

しかし、天狗の神通力を利用することは、仏教の側からすると異端であり、仏道を踏み外した邪道以外のなにものでもない。なかには最初から邪心をいだいて天狗になる者もあった。愛宕山の太郎坊という天狗は、もとは真済という真言宗の僧で、空海の教えを受けたほどの人物である。だが、清和天皇の母で、美貌できこえた染殿に恋い焦がれるあまり、天狗に姿を変え、染殿にとり憑いてしまった。比叡山の僧・相応が呼ばれ、不動明王から授かった呪法で加持調伏して染殿を救ったという。

こうした邪心による天狗への変生の最たるものが、大魔縁という天狗になって後白河天皇に祟った崇徳院の怨霊だったのである。

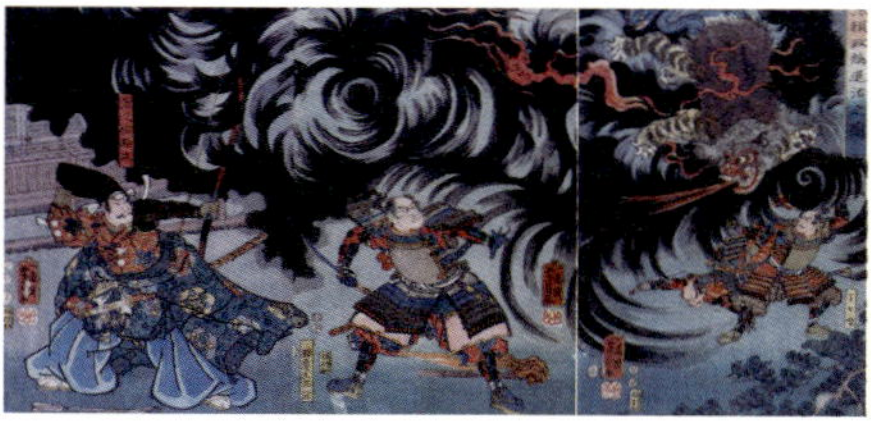

『源頼政鵺退治之図』（早稲田大学演劇博物館所蔵）。猿と狸と虎と蛇の怪物が姿を現す

鵺――天皇の眠りを妨げた正体不明の妖怪

鵺（ぬえ）は猿の頭に狸の胴、虎の手足、蛇の尾という奇妙な姿をし、鵺のような声で鳴くから鵺と呼ばれるのだという。鵺とはトラツグミという野鳥の古名で、その鳴き声が人の悲鳴のように気味悪く聞こえるため、凶事をもたらす鳥とされた。

『平家物語』には源頼政（みなもとのよりまさ）による鵺退治の話が二回出てくる。最初は七六代・近衛（このえ）天皇のときで、御所の上空に黒雲がたちこめ、天皇が苦しむことが幾夜も続いた。そこで源頼政が呼び出され、弓を引いて怪物を射落とし、家臣が太刀で九回刺して息の根をとめた。ところが七八代・二条天皇のときに同様のことが起こったので、再び頼政に声がかかった。

怪物が猿と狸と虎と蛇が合体した奇妙な姿で現れるのは一回目のときだが、鵺とは名指されていない。一方、二回目のときには「鵺という化鳥」と記されているから鵺に間違いないが、姿は鳥である。同じ妖怪が姿を変えて生き返ったのか、別物が出てきたのかも、よくわからない。要するに、正体不明の謎の怪物を鵺と呼ぶのである。

『土蜘蛛草紙絵巻』（東京国立博物館所蔵）。傷口から転がり出る髑髏は餌食の人々

土蜘蛛――辺境の部族に対する蔑称が妖怪に変化

土蜘蛛（つちぐも）は奈良時代に書かれた最古の歴史書である『古事記』や『日本書紀』に早くも登場する。しかし朝廷に恭順しない地方豪族の名として出てくるのであって、妖怪ではない。なぜ土蜘蛛と呼ばれたのかは、胴体が短く手足の長い身体的特徴を形容したものだとか、横穴に棲んでいたため「土隠り（つちごもり）」と呼ばれ、それが土蜘蛛に転訛（てんか）したなど、さまざまな説がある。

いずれにしても、土蜘蛛とは辺境にあるため文明に遅れた部族に対して都の人々がつけた蔑称であったが、そこには野性的な力に対する畏怖の念も混じっていたのだろう。土蜘蛛はしだいに妖怪へと変化していった。

絵巻の『土蜘蛛草紙（つちぐもぞうし）』は、源頼光の妖怪蜘蛛退治物語の一つである。さまざまな妖怪に悩まされた頼光が、太刀を振るって一匹一匹と切り捨てていくと、最後に巨大な土蜘蛛が正体を現す。その首を切り落とすと餌食となった人々の死体があふれ出てきて、腹を裂くと子の蜘蛛が無数に這い出てきたという。

火車——牛頭馬頭に引かれた地獄からの迎え

火車（かしゃ）とは、仏教において、悪人を地獄へ連れて行く車のことである。死者のみが対象ではなく、悪人であれば、生きていても、いつ何時火車の迎えがくるかわからない。文字通り燃えたぎる炎に包まれた車で、地獄の獄卒である牛頭馬頭という二匹の鬼に引かれている。

佐脇嵩之『百怪図巻』より「くはしや」。炎に包まれた火車を地獄の鬼が引いている

火車は罪人を地獄へと運搬するだけではない。地獄に落ちた罪人は、生皮を剥がされたうえ、火車に結び付けられて、灼熱の鉄の地面の上を引きずり回されるのだ。火車とは地獄の恐ろしさの象徴であり、人々は火車を通じて仏教的な道徳観を深めていったのである。

しかし、やがて仏教との関連が薄くなり、野辺（のべ）送りの葬列が暴風雨や雷に襲われたようなときに、火車が死体をさらいにきたと考えられるようになった。江戸時代になると、火車の正体は猫又（ねこまた）であるとする説も現れる。猫又とは、猪ほどの大きさだが猫の目を持ち、尻尾が二又に割れた妖怪で、人肉を好む。飼い猫も老いると猫又に化けることがあると信じられ、恐れられた。

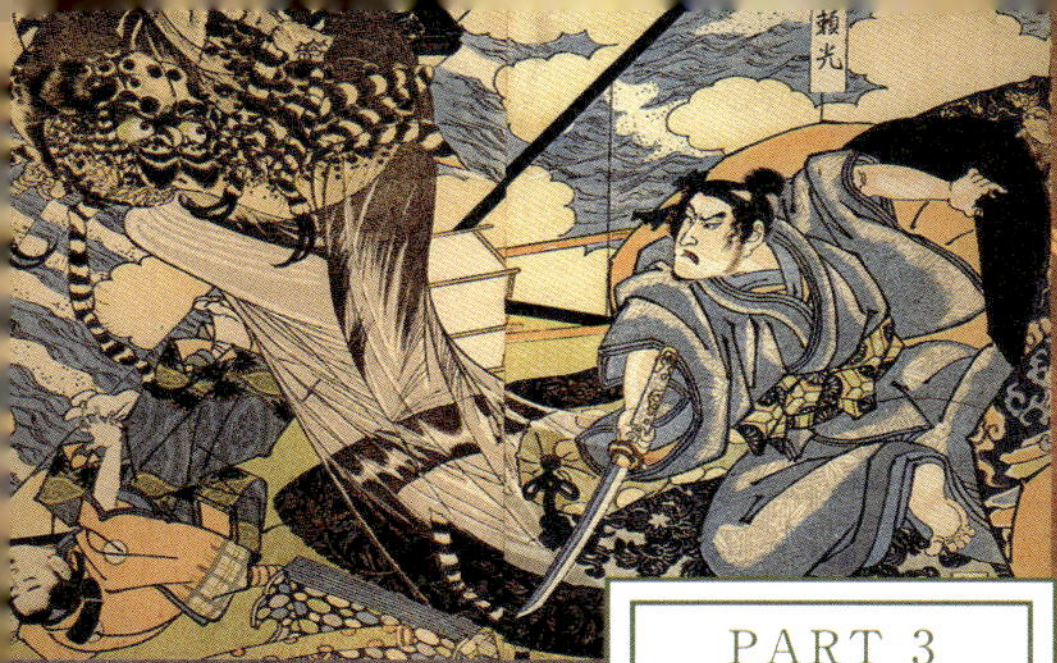

PART 3

陰陽師と密教僧

安倍晴明——天皇の病を治癒し、式神を自由に操る

陰陽道の第一人者・安倍晴明（あべのせいめい）は延喜二一年（九二一）に生まれた。しかし、史料に晴明の記録が出てくるのは、天徳四年（九六〇）、四〇歳のときが最初で、それ以前の生涯についてはまったく不明である。伝説によれば、母は狐であり、人間の男と恋に落ちて晴明を生んだのだという。

確かな記録として登場する四〇歳の晴明は、陰陽寮（おんようりょう）の学生（がくしょう）であった。意外と大器晩成で、五〇歳の頃に天文博士（てんもんはかせ）になったが、陰陽寮の長官である陰陽頭（おんようのかみ）まで出世することなく陰陽寮を離れた。その後は主計権助（かずえのごんのすけ）や穀倉院別当（こくそういんべっとう）に任じられているが、いずれも陰陽寮とは無関係である。占いや呪法に自信のあった晴明は、陰陽寮の肩書を必要とせず、自由な立場で活動する道を選んだと考えられる。

晴明が最も得意としたのは反閇（へんばい）という秘術であった。呪文を唱えながら、片足を前に出し、そこに後ろの足を引き寄せるようにして歩く。この特殊な歩行によって、外出の際の凶事を避けることができるのだ。晴明は天皇が行幸するときにたびたび呼び出され、この呪法を命じられた。泰山府君祭（たいざんふくんさい）などの祭儀を行って病気を治癒することも

安倍晴明肖像（画像提供：晴明神社）。右下の怪異な容貌の人物が、式神である

『泣不動縁起絵巻』（清浄華院所蔵）。中央に祭文を読む安倍晴明が描かれている

しばしばであり、正暦四年（九九三）には、禊祓（みそぎはらえ）によって急病の一条（いちじょう）天皇の命を救い、正五位上（しょうごいのじょう）に叙された。

晴明の伝記は虚実入り交じっているが、最も不可思議なのは、式神（しきがみ）の伝説だ。これは、晴明の命令に何でも従う鬼神の一種で、晴明の屋敷では、戸の開け閉めも式神が行っていた。ただし、その醜悪な姿を妻が嫌ったため、用のないときは石の櫃（ひつ）に閉じ込めて一条戻橋（いちじょうもどりばし）の下に隠していた。若い僧から興味本位に「式神を用いて人を殺すことは可能か」と問われた晴明は「生き返らせることができないので人を殺すことはない」と答えた。その代わり草の葉に呪文を唱えて蛙めがけて投げつけた。すると蛙は押しつぶされ、若い僧は震え上がったという。

寛弘元年（一〇〇四）、五龍祭（ごりゅうさい）を行って雨を降らせ、再び一条天皇から褒賞を受けたが、その翌年、八四歳で死去した。

賀茂保憲――一〇歳で鬼神の姿を見た当代随一の陰陽師

賀茂保憲は安倍晴明の師として知られる。延喜一七年（九一七）、陰陽道の名流である賀茂忠行の長男に生まれた。暦博士、陰陽頭、天文博士を歴任するなど、当時の最先端の知識を身につけた大学者である。

『今昔物語集』によれば、わずか一〇歳で鬼神を見ることができたという。父・忠行が祓殿で儀式を行っているあいだ、傍らに控えていた保憲は異形の者たちが現れるのを目撃し、「これらは何者でしょうか」と父に問うた。鬼神は、よほど修行を積んだ陰陽師でなければ目にすることはできない。わが子の非凡な才能に驚いた父は陰陽道の奥義を伝え、保憲は当代随一の陰陽師になった。

後に保憲は安倍晴明の才能を見いだし、弟子とした。しかし、実子の光栄に暦道、弟子の安倍晴明に天文道を伝えたため、陰陽道は賀茂家と安倍家に分裂することになった。

なお、『今昔物語集』には、賀茂保憲と安倍晴明が術比べをした話があったが、惜しいことに本文は散逸し、残っているのは表題のみである。

『北斎漫画』より。蘆屋道満（奥）と安倍晴明（手前）。箱の中身を占い、術比べをしている場面

蘆屋道満――安倍晴明の最大のライバル

陰陽師は怨霊と戦いながら、互いに術を競い合った。安倍晴明の最大のライバルとされるのが、蘆屋道満（あしやどうまん）である。

多くの物語に登場するが、最も詳しい仮名草子の『安倍晴明物語』によれば、播磨国に住む道満は安倍晴明の名声を耳にして上京し、天皇の許しを得て、内裏の庭で術を競うことになった。負けた者が勝者の弟子になるという条件である。道満が白砂に術をかけると燕となって飛び回ったが、晴明は扇を一叩きして白砂に戻した。他の術でも晴明におよばず、道満は約束通り晴明の弟子となった。だが、復讐のため、道満は晴明の妻を籠絡し、その手を通じて「金烏玉兎集（きんうぎょくとしゅう）」という秘術集を盗み出す。そして、そこに書かれていた秘術を用いてまんまと晴明の命を奪ってしまった。しかし晴明は「生活続命の法（しょうかつぞくみょうのほう）」という術で生き返り、道満を成敗したという。

あまりにも現実離れしているため、そのまま信じることはできないが、安倍晴明と腕を競った陰陽師のいたことは確かだろう。

小野篁――閻魔大王の冥官を務め、友人を生き返らせる

小野篁といえば、小倉百人一首の「わたの原八十島かけて漕ぎ出でぬと人には告げよ海人の釣舟」の歌で知られる文人官僚である。平安時代初期の延暦二一年（八〇二）の生まれ。遣隋使を務めた小野妹子の子孫であり、自らの子孫には三十六歌仙に選ばれた絶世の美女の小野小町や書家の小野道風がいる。大学寮の文科系学生である文章生から身を立てて、参議に上り、従三位まで昇進した。異能な人々を多く輩出している家系の人物である。

けれども篁には、現世と冥界を自由に行き来できるという、とんでもない秘密があった。昼間は朝廷の役人を務めているが、夜になると井戸を通って冥界に行き、閻魔大王の下で冥官として働いていたのである。その井戸は京都市東山区の六道珍皇寺の境内にあり、「小野篁冥途通いの井戸」と呼ばれ、今も残っている。

篁はまた、生まれながらの反骨精神の持ち主であり、遣唐使に選ばれたのに、それを拒否したり、『西道謡』という漢詩を作って政治を批判したりした。ついに嵯峨天皇の怒りを買い、死罪も避けられない状況となる。しかし友人の藤原良相が仲裁の

月岡芳年『月百姿』の小野篁（国立国会図書館所蔵）。老いた親のために薪を集める篁

六道珍皇寺の小野篁像。等身大の像といわれ、その高さは190センチ近くある

労をとったおかげで命を救われ、流刑に減刑された。冒頭に掲げた歌は、流刑地の隠岐島へと船出するときの心境を詠んだものである。

この歌が篁の願い通りに都に届けられ、その文才が天皇の心を打ったためか、篁は許されて都に戻り、再び冥界通いを始めるようになった。一方、藤原良相は、病で亡くなり、冥界へ下っていくことになる。すると、閻魔大王の下で臣下として勤める篁と出会った。良相を見た篁は、今こそ恩返しをすべきときだと考え、閻魔大王にかけあう。良相は生き返り、無事に現世に戻ることができた。篁はこのことを固く口止めしたが、いつしか噂は広まっていった。

篁には、この他にも、妹の亡霊と交感したとか、とある上人を冥土に案内したとか、さまざまな逸話があり、『今昔物語集』をはじめ、いくつもの書物に記録されている。

『弘法大師空海』（東京国立博物館所蔵）。右手には、金剛杵という密教の仏具を持つ

『最澄像』（一乗寺所蔵）。天台宗の瞑想法である止観に入っている姿を描いている

空海――呪力で早良親王の怨霊を鎮める

仏教のなかでもとりわけ呪術的要素が強い密教を、中国で学び、日本にもたらしたのが空海である。讃岐国に生まれ、山林で独自の修行を積んだのち、延暦二三年（八〇四）、唐に渡った。虚空蔵求聞持法という驚異的な記憶術によって、わずか三カ月で密教のすべてを修得したという。

帰国した空海は、早良親王の怨霊を鎮め、祈禱により雨を降らせるなど、密教の呪力を見せつける。高野山に金剛峯寺を建立して真言宗を開き、朝廷から与えられた東寺を密教の根本道場とした。空海によって始められた密教は、平安時代を通じて、怨霊に対抗するための、強力な手段となる。

空海の根本思想は、現世において生きたまま成仏できるという「即身成仏」にある。一般の人間にはとうてい持ちえない高度な精神力を必要とすることはいうまでもない。承和二年（八三五）、空海は高野山において入定する。これは現在も禅定が続いている状態であるとされ、高野山奥ノ院の空海霊廟では、今でも毎日食事が捧げられている。

最澄――新都の鬼門の地に延暦寺を創建

最澄は空海と双璧とされる日本仏教界の巨人である。延暦七年（七八八）、比叡山に一乗止観院を創建し、これが延暦寺の始まりとなった。後に平安京の鬼門になる比叡山を選んだ最澄の先見の明に驚かされる。

延暦二三年（八〇四）、空海とともに唐に渡る。だが、空海がもっぱら密教の奥義を極めたのに対し、最澄は天台宗を中心に禅や密教、戒律など仏教の全般を学んだ。帰国した最澄は自分の密教が完全でないことを悟り、空海に密教の奥義についての解釈書の借用を申し込む。ところが空海が拒絶したため、二人は決別した。空海が呪力によって強制的に怨霊を鎮めることを目指したのに対し、最澄は仏法を説いて万物を成仏させることを重視し、万人の救済の願いを込めて大乗戒壇の設立に生涯を費やした。

最澄の入滅後、延暦寺を継いだ円仁や円珍らによって天台宗と融合した独特の密教が確立され、比叡山は空海の東寺と並ぶ密教の聖地となった。これを空海の東密に対し台密と呼ぶ。

源頼光と四天王――鬼の首領・酒呑童子を征伐する

『源頼光の土蜘蛛退治』。頼光が用いた刀は蜘蛛切丸と呼ばれ、源氏代々の宝刀となった

妖怪と闘ったのは、陰陽師と密教僧ばかりではない。平安時代も後半に入り武士が活躍する時代がやってくると、妖怪退治もその武力にゆだねられるようになった。なかでも妖怪退治で名を馳せたのは、源頼光である。天暦二年（九四八）の生まれ。各地の受領を歴任し、正四位下までのぼった処世に長けた人物であるが、弓の名人で、武勇にすぐれ、土蜘蛛を退治したこともある。

この頼光に、大江山の鬼の棟梁・酒呑童子を征伐せよとの勅命が下った。頼光は、頼光四天王と呼ばれる屈強な部下を引き連れ、山伏に変装して酒呑童子の館に乗り込み、童子が酒に酔って眠ったすきに首を切り落とした。首は飛び上がって頼光の兜に噛みついたが、その目をくり抜くと、ついに息絶えた。このときに頼光が用いた太刀は伯耆国（ほうきのくに）の刀匠・安綱（やすつな）の作で、「童子切安綱（どうじきりやすつな）」と呼ばれるようになり、天下五剣に数えられた。現在は国宝に指定され、東京国立博物館に所蔵されている。

頼光四天王は、渡辺綱（わたなべのつな）、碓井貞光（うすいさだみつ）、卜部季武（うらべすえたけ）、坂田公時（さかたきんとき）の四人。このうち渡辺綱は、一条戻橋や羅城門に現れる鬼退治でも知られる。一条戻橋の鬼は酒呑童子の部下で、茨木童子（いばらきどうじ）と呼ばれた。綱が橋を渡っていると、美女に化けた鬼に家に送ってほしいと頼まれる。馬に乗せてやったところ、いきなり髻（もとどり）をつかまれ、空中へ連れ去られそうになったため、愛刀を一振りしてその腕を切り落とし、持ち帰った。陰陽師・安倍晴明の勧めにより閉門していたが、鬼が養母に化けて現れ腕を取り返されたという。綱の愛刀も「童子切」と同じく安綱の作で、「鬼切安綱（おにきりやすつな）」の号をつけられた。今は北野天満宮（きたのてんまんぐう）にあり、重要文化財に指定されている。

魔界の事件の解決が武士にたくされるようになった平安時代後期は、美しい湾曲を持った日本刀の独特の姿が確立した時代にあたる。そして、妖怪をも切ることのできる日本刀は、単なる合戦の道具ではなく、魔を祓う精神的な力を秘めているとされたのである。

祇園祭の山伏山。修行のために大峰入りをする山伏姿の浄蔵がモデルとなっている

浄蔵——死者を生き返らせ、平将門を調伏する

浄蔵(じょうぞう)は平安時代中期の天台密教僧である。文人官吏・三善清行(みよしきよゆき)の子に生まれ、七歳のときに、庭の梅の花を鬼神に命じて手元へ飛来させるという霊験を示した。すぐさま出家を許され、一二歳で受戒した。

死人を蘇生させる術にすぐれ、なかでも自分の父を蘇らせた話は有名である。浄蔵が熊野参詣(くまのさんけい)をしているとき霊力によって父の死を知り、直ちに帰京した。父の葬列に一条橋付近で追いついたので、その場で祈禱を行うと、父は蘇生して七日の間生きたのち、再び死んだという。一条橋を一条戻橋というようになったのは、この逸話による。光孝(こうこう)天皇の皇子が薨去したときにも四日の間生き返らせ、自らの寿命も、閻羅王(えんらおう)への祈禱により五年の延長を許されたという。

朝廷が延暦寺首楞厳院(しゅりょうごんいん)で行った平将門調伏(たいらのまさかどちょうぶく)の祈禱に招かれた浄蔵は、将門の首が京でさらされると予言した。その通りになったが、実は、戦場の風向きを変えて矢を将門の額に命中させたのも、浄蔵の霊力であったといわれる。

元三大師の絵。元三大師はさまざまな名と姿を持つが、これは天台座主・良源の姿

元三大師——悪鬼を封じるために自ら夜叉の姿になる

元三大師とは、延暦寺中興の祖とされる第一八代天台座主・良源のこと。永観三年（九八五）の正月三日に亡くなったことから、元三大師と呼ばれるが、他に降魔大師、角大師、豆大師、厄除け大師などさまざまな通称を持つ。諡号が慈恵であったので、慈恵大師ともいう。

元三大師の神通力に関しては、延暦寺戒壇院の天井が崩落するのを予言した、天狗を踏みつけて懲らしめた、天皇の病気を祈禱で治癒したなど、多くの逸話が残る。なかでも悪鬼や疫病を封じるために、自らが二本の角を生やし痩せ衰えた夜叉の姿に変身した話は有名で、角大師という通称はこれに由来する。その像を描いた札にも悪鬼を祓う霊力があるとされ、各地の寺や家々の門口に好んで貼られた。

江戸時代には元三大師の像の前でくじを引くと運がいいという評判が広まり、おみくじの元祖とみなされるようになった。天台座主という高い地位にあった良源だが、民間信仰の対象としての多くの通称の方が有名である。

役小角――鬼を操り、空中を飛行する修験道の祖

修験道は山岳信仰に陰陽道や仏教が混合した日本独特の宗教で、厳しい修行を通して、験力という神通力を得ることをめざす。飛鳥時代の終わりごろ、役小角によって創始された。

小角が修行の場に選んだのは、大和の葛城山。ここに三〇年間こもって「孔雀明王経法」の秘法を極め、空中を自由に飛行したり、雨を呼んだり、鬼を自在に操ったりする能力を得た。しかし葛城山の神と不和になり、讒訴を受けた朝廷から追われる身となってしまう。

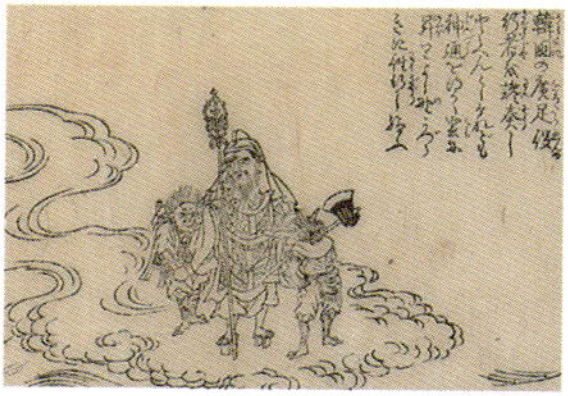
『本朝年代記圖會』より。左右の従者は前鬼・後鬼と呼ばれる夫婦の鬼である

神通力を持った修験者を捕らえるのは容易ではなかったが、朝廷側は小角の母を人質にとったため、小角はおとなしく縛についた。

小角が流された場所は都から遠く離れた伊豆大島である。しかし小角は得意の空中飛行によって、富士山や周辺の山々を訪ね回り、山中に道場を開いていったので、修験道は東国にも広まることになった。

大宝元年（七〇一）、罪を許された小角は、五色に輝く雲に乗って、母とともに天に昇って行ったという。

第二部
京都魔界巡り

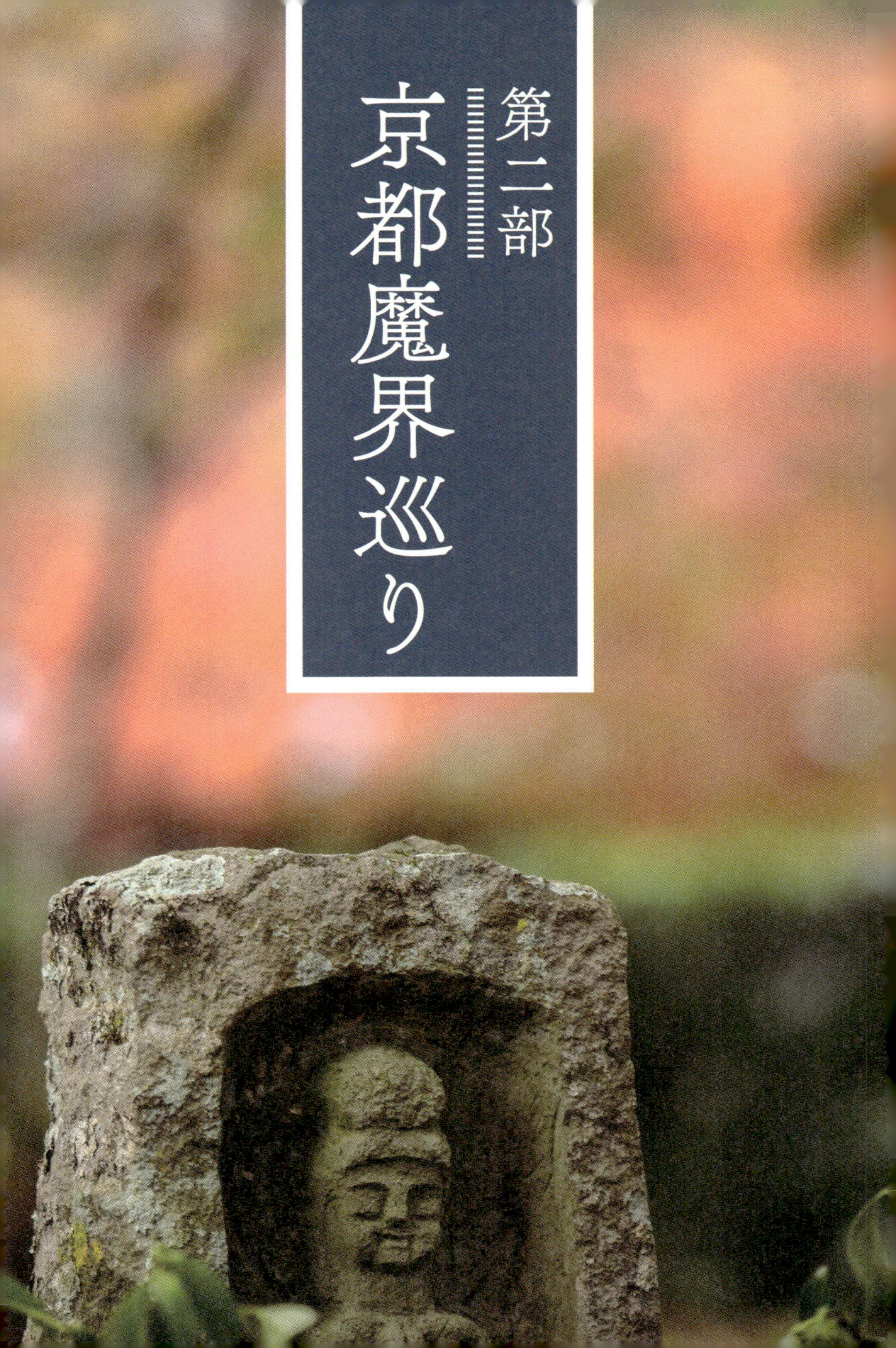

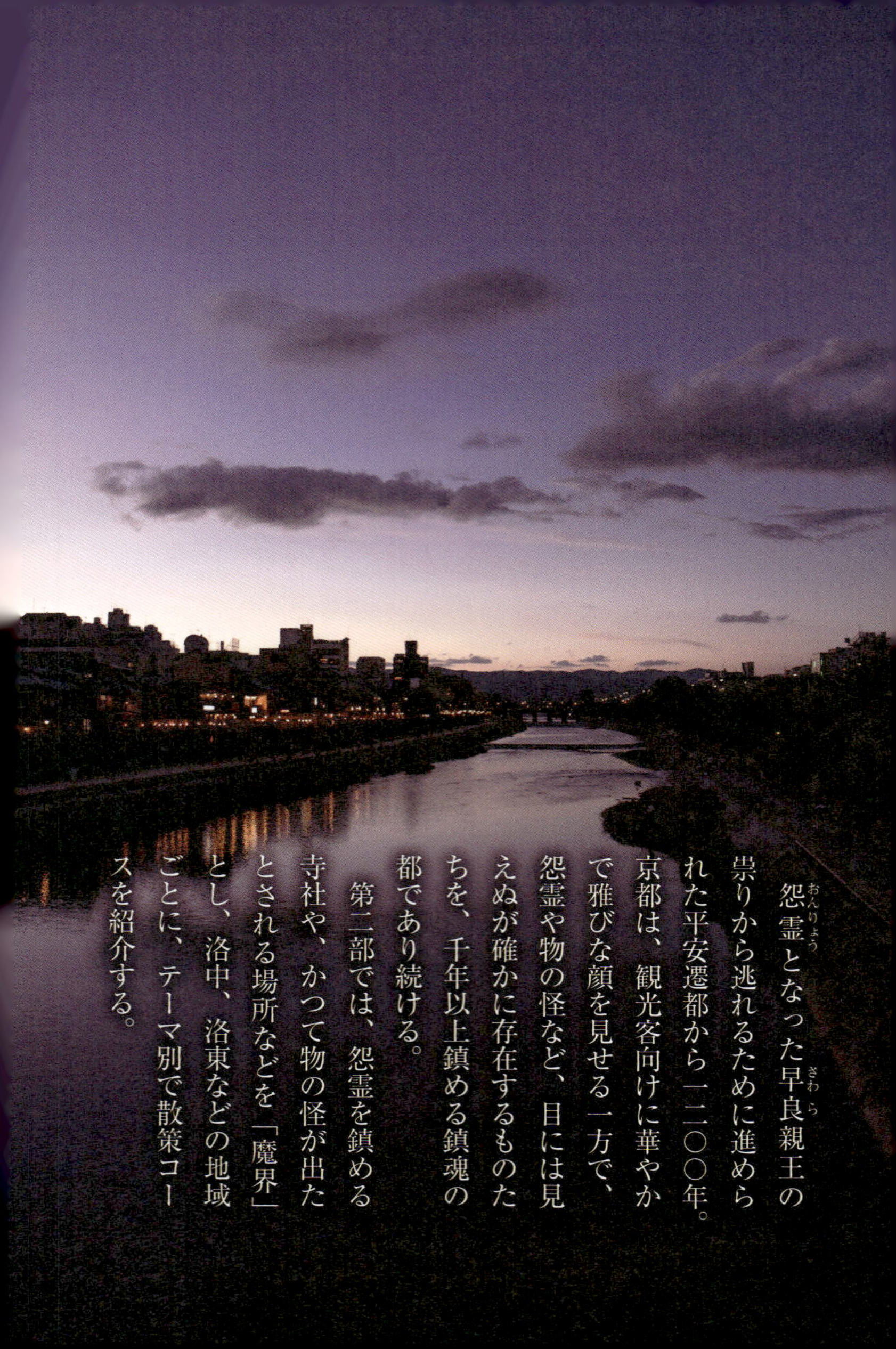

怨霊（おんりょう）となった早良（さわら）親王の祟りから逃れるために進められた平安遷都から一二〇〇年。京都は、観光客向けに華やかで雅びな顔を見せる一方で、怨霊や物の怪など、目には見えぬが確かに存在するものたちを、千年以上鎮める鎮魂の都であり続ける。

第二部では、怨霊を鎮める寺社や、かつて物の怪が出たとされる場所などを「魔界」とし、洛中、洛東などの地域ごとに、テーマ別で散策コースを紹介する。

PART 1

洛中を巡る

平安時代中期の洛中北部

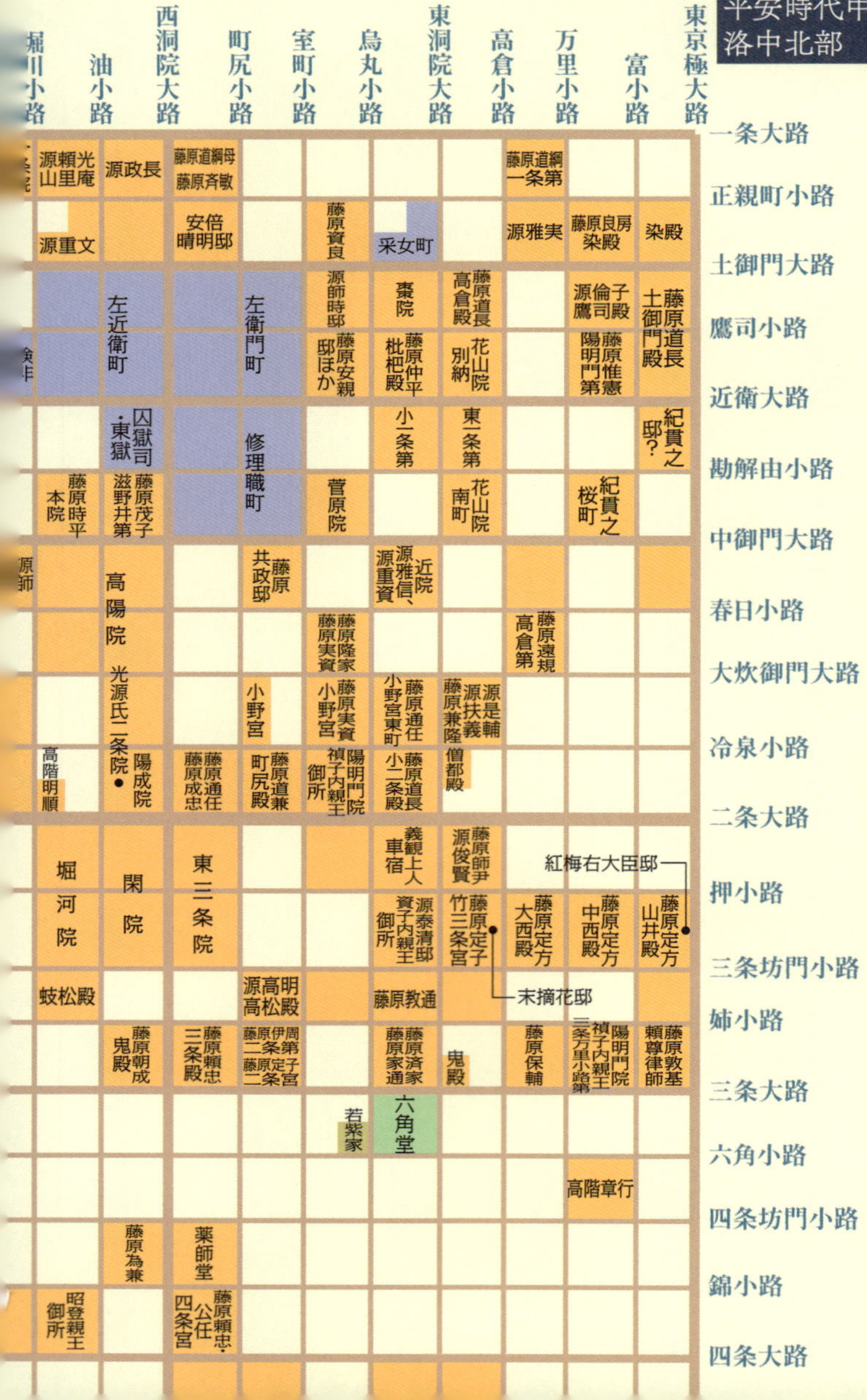
堀川小路
油小路
西洞院大路
町尻小路
室町小路
烏丸小路
東洞院大路
高倉小路
万里小路
富小路
東京極大路
一条大路
正親町小路
土御門大路
鷹司小路
近衛大路
勘解由小路
中御門大路
春日小路
大炊御門大路
冷泉小路
二条大路
押小路
三条坊門小路
姉小路
三条大路
六角小路
四条坊門小路
錦小路
四条大路
源頼光 山里庵
源政長
藤原道綱母
藤原斉敏
藤原道綱 一条第
源重文
安倍晴明邸
藤原資良
采女町
源雅実
藤原良房 染殿
染殿
左近衛町
左衛門町
源師時邸
棗院
藤原道長 高倉殿
源倫子 鷹司殿
藤原道長 土御門殿
藤原安親 邸ほか
藤原仲平 枇杷殿
花山院 別納
藤原惟憲 陽明門第
囚獄司・東獄
修理職町
小一条第
東一条第
紀貫之 邸?
藤原時平 本院
藤原茂子 滋野井第
菅原院
花山院 南町
紀貫之 桜町
高陽院
藤原 共政邸
近院 源雅信、源重資
藤原隆家 藤原実資
藤原遠規 高倉第
光源氏二条院
小野宮
藤原実資 小野宮
藤原通任 小野宮東町
源是輔 源扶義 藤原兼隆
高階明順
陽成院
藤原通任 藤原成忠
藤原道兼 町尻殿
陽明門院 禎子内親王 御所
藤原道長 小二条殿
僧都殿
堀河院
閑院
東三条院
義観上人 車宿
藤原師尹 源俊賢
紅梅右大臣邸
源泰清邸 資子内親王 御所
藤原定子 竹三条宮
藤原定方 大西殿
藤原定方 中西殿
藤原定方 山井殿
蛟松殿
源高明 高松殿
藤原教通
末摘花邸
藤原朝成 鬼殿
藤原頼忠 三条殿
藤原伊周 二条第
藤原定子 二条宮
藤原済家 藤原家通
鬼殿
藤原保輔
陽明門院 禎子内親王 三条万里小路第
藤原敦基 頼尊律師
若紫家
六角堂
高階章行
藤原為兼
薬師堂
昭登親王 御所
藤原頼忠・公任 四条宮

出町柳駅
河原町今出川
烏丸今出川
今出川通
乾御門
烏丸線
一条戻橋
本禅寺
梨木神社
迎賓館
上京区
京都御所
盧山寺
京阪鴨東線
寺町通
蛤御門
護王神社
京都府庁
白雲神社
護浄院
京都御苑
宗像神社
厳島神社
神宮丸太町駅
河原町丸太町
烏丸丸太町
丸太町通
丸太町駅
下御霊神社
行願寺（革堂）
丸太町橋
夷川通
御池大橋
河原町御池
京都市役所
烏丸御池
御金神社
本能寺
烏丸御池駅
中京区役所
三条河原
三条駅
三条大橋
京都市役所前駅
誓願寺
烏丸線
四条河原町
四条烏丸
河原町駅
烏丸駅
祇園四条駅
四条駅

出町柳駅
烏丸今出川
今出川通
河原町今出川
乾御門
烏丸線
一条戻橋
猿ケ辻
本禅寺
河原町通
鴨川
梨木神社
上京区
迎賓館
京都御所
盧山寺
烏丸通
京阪鴨東線
蛤御門
寺町通
護王神社
東堀川通
油小路通
白雲神社
護浄院
京都府庁
下立売通
京都御苑
宗像神社
神宮丸太町駅
堀川丸太町
厳島神社
河原町丸太町
丸太町通
烏丸丸太町
下御霊神社
竹屋町通
行願寺(革堂)
丸太町駅
丸太町橋
小川通
間之町通
車屋町通
夷川通
川端通
河原町通
二条通
新町通
衣棚通
室町通
押小路通
御池大橋
御金神社
京都市役所
河原町御池
烏丸御池
烏丸御池駅
御池通
本能寺
京都市役所前駅
西洞院通
中京区役所
三条河原
三条駅
三条大橋
瑞泉寺
堺町通
六角通
誓願寺
蛸薬師通
烏丸線
鴨川
錦小路通
河原町駅
四条烏丸
四条河原町
烏丸駅
四条通
四条駅
祇園四条駅

0
1km
1:48,000
北野
北野白梅町
嵐電北野線
北野白梅駅
上京警察署
大将軍八神社
一条通
西大路通
乾窓院
御前通
下ノ森通
立本寺
報土寺
七本松通
六軒町通
千本通
土屋町通
笹屋町通
浄福寺
長栄寺
一条通
中立売通
裏門通
智恵光院通
上長者町通
黒門通
天神川
天神通
慈眼寺
出水通
極楽寺
宴松原
浄福寺通
弘誓寺
法輪寺（だるま寺）
勝厳院
松屋町通
大宮通
丸太町通
円町駅
千本丸太町
聚楽廻
JR山陰本線（嵯峨野線）
鶴大明神
二条公園
中京区
二之丸庭
元離宮二条城
朱雀門跡
西ノ京
西大路御池駅
二条駅
二条城前
西大路御池
御池通
神泉苑
東西線
二条駅
西大路三条
千本三条
三条通
西大路三条駅
六角獄舎
正運寺
嵐電嵐山本線
御前通
成圓寺
西大路四条
西院駅
壬生
西院駅
四条通
阪急京都線
四条大宮駅
大宮駅

1:48,000
1km
中京区
円町駅
JR山陰本線（嵯峨野線）
二条駅
西大路三条駅
西大路御池駅
嵐電嵐山本線
嵐電北野線
北野白梅町駅
阪急京都線
西院駅
大宮駅
四条大宮駅
二条城前駅
元離宮二条城
朱雀門跡
神泉苑
六角獄舎
二条公園
大将軍八神社
上京警察署
立本寺
報土寺
浄福寺
慈眼寺
宴松原
弘誓寺
二条
西ノ京
壬生
二条通
丸太町通
三条通
四条通
西大路通
千本通
大宮通
智恵光院通
御前通
天神川
出水通
中立売通
上長者町通
七本松通
六軒町通
黒門通
法輪寺（だるま寺）
東西線
成願寺
正運寺

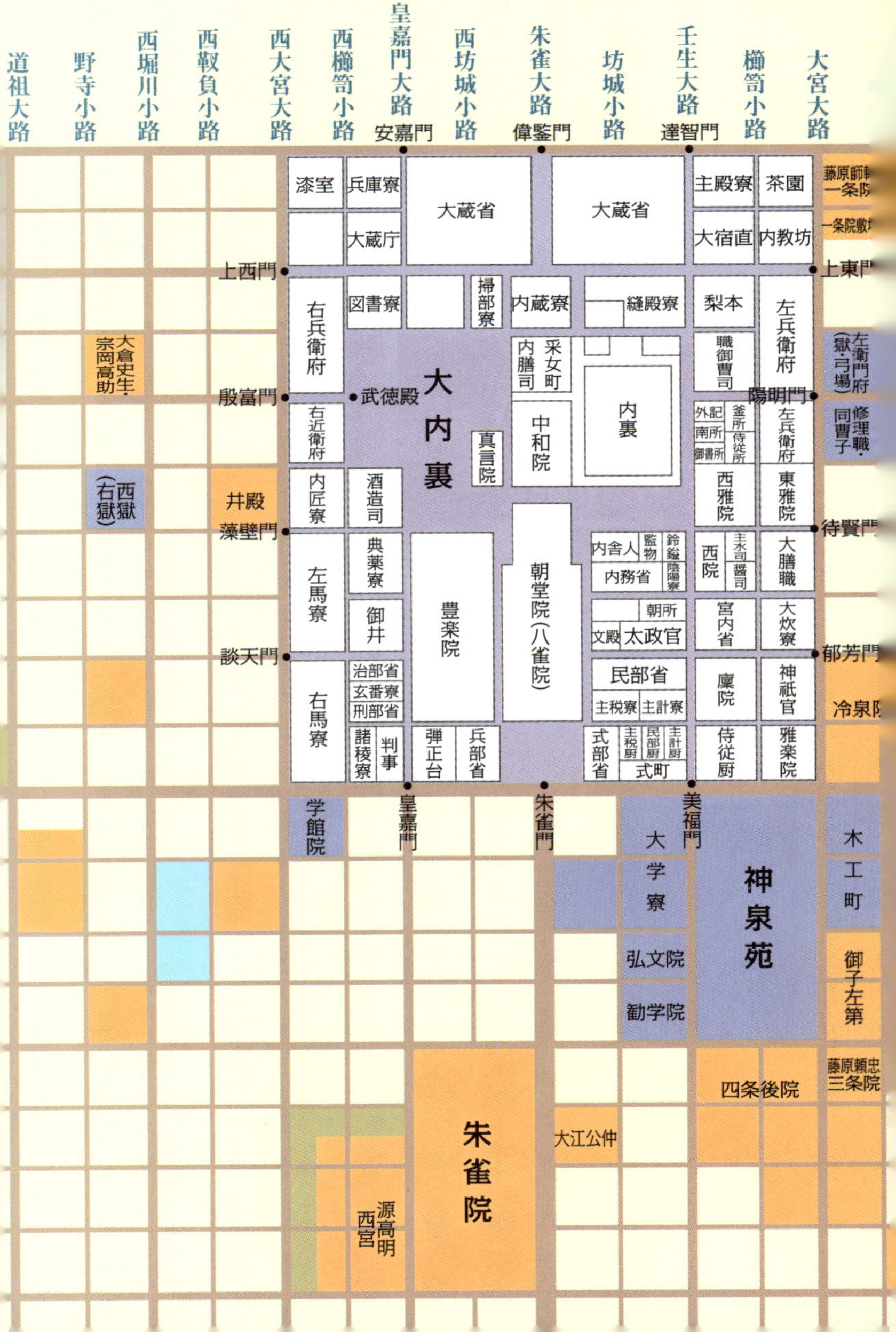
道祖大路
野寺小路
西堀川小路
西靫負小路
西大宮大路
西櫛笥小路
皇嘉門大路
西坊城小路
朱雀大路
坊城小路
壬生大路
櫛笥小路
大宮大路
安嘉門
偉鑒門
達智門
漆室
兵庫寮
大蔵省
大蔵省
主殿寮
茶園
大蔵庁
大宿直
内教坊
上西門
上東門
図書寮
掃部寮
内蔵寮
縫殿寮
梨本
右兵衛府
左兵衛府
采女町
内膳司
職御曹司
大内裏
殷富門
武徳殿
陽明門
右近衛府
中和院
内裏
真言院
外記
南所
御書所
釜所
侍従所
左兵衛府
内匠寮
酒造司
西雅院
東雅院
藻壁門
待賢門
典薬寮
内舎人
監物
鈴鎰
内務省
陰陽寮
西院
主水司
醤司
大膳職
左馬寮
御井
豊楽院
朝堂院(八雀院)
朝所
文殿
太政官
宮内省
大炊寮
談天門
郁芳門
治部省
玄番寮
刑部省
民部省
主税寮
主計寮
廩院
神祇官
冷泉院
右馬寮
諸稜寮
判事
弾正台
兵部省
式部省
主税厨
民部厨
主計厨
式町
侍従厨
雅楽院
大倉史生・宗岡高助
西獄(右獄)
井殿
藤原師輔一条院
一条院敷地
左衛門府(獄・弓場)
修理職・同曹子
学館院
皇嘉門
朱雀門
美福門
大学寮
神泉苑
木工町
弘文院
勧学院
御子左第
藤原頼忠三条院
四条後院
朱雀院
大江公仲
源高明西宮

魔界コース1

安倍晴明と鬼門封じの地

大内裏を擁する都の中枢エリア。内裏の東側には鴨川手前まで貴族の邸宅が建ち並んでいた。災厄を恐れた当時の人々が頼みとした陰陽師の安倍晴明邸跡に建つ晴明神社など、陰陽道にまつわるスポットを巡る。

所要時間

約3時間（徒歩）

陰陽道に基づく「方除」信仰は庶民にも拡大

「大将軍(だいしょうぐん)」とは陰陽道(おんみょうどう)における、金星にまつわる星神のこと。方位の吉凶(きっきょう)を司り、「四方を正す」源とされ、三年ごとに四方を移動して一二年で一巡する。

大将軍の方角にあたった年には「出軍・結婚・上棟・居礎・修造・埋葬」などは不吉なので避け、その禁を破ると三年以内に命を落とすといわれた。こうした、災厄を未然に防ごうという考えは、中国から伝来した風水思想や陰陽道に基づくもので、「方除(かたよけ)」といった。

平安京を造営した桓武(かんむ)天皇は、自身の忠臣だった坂上田村麻呂(さかのうえのたむらまろ)をかたどった二メートル超えの土人形を、王城鎮護のシンボルとした。さらに、田村麻呂の墓とした東山の将軍塚(しょうぐんづか)を方位守護の地とし、平安京の西北角には勅願により大将軍八(だいしょうぐんはち)神社を建てさせた。

今出川通のすぐ南手に建つこの神社は、方除信仰でおなじみだ。ここにも、いかめしい武具甲冑姿の田村麻呂の神像が祀られてきた。

創建当初は陰陽道の社として建てられたので「大将軍堂」と称されたが、江戸時代

大将軍八神社。神社には、坂上田村麻呂をかたどった武将像など80体の重要文化財が所蔵されている　▶市バス「北野天満宮前」下車徒歩約3分／上京区一条通御前西入ル西町48

には大将軍村の鎮守社として親しまれた。明治維新後、神仏分離令により国家神道となると、スサノオノミコトや桓武天皇を合祀するようになり、暦神の八神も習合して社名が今の「大将軍八神社」になった。

引っ越しや結婚、上棟といった節目に方角を気にする考えが今も残るのは、庶民にも広く信仰されてきたからだろう。『暦林問答集』という方位、暦に関する書は江戸時代に町人にも愛読され、方除、厄除一二社参りという参詣が流行したという。境内には、江戸後期に建てられた標石が残っている。

近隣には、町名はもとより商店街などにも「大将軍」の名前がついていて、歩きながら信仰の歴史を感じとれる。

死人があの世から「戻る」橋

神社の南側に面した一条通を道なりに東へ進むと、堀川通を越えてすぐのところに架かる一条戻橋（「戻橋」とも）がある。ここは洛外まで含めた都の魔界の中心地ともいうべき場所だった。もっとも、伝説とは裏腹に今ではコンクリート製の味気ない造りである。

戻橋は大内裏の鬼門（北東）にあり、北方が葬送の地だったため、おぞましい逸話には事欠かない。一条通は平安京の一条大路とほぼ同じ位置だが、「戻橋」の名前の由来は、『撰集抄』によれば、次のような話だ。天台宗の僧・浄蔵が、父・三善清行の発病を聞いて駆けつけるも間に合わず、この橋の上で父の葬列と行き合った。そこで熱心に念仏を唱えると、清行は蘇生した。あの世から「戻る」橋とされたのだ。

この近くに屋敷を構えた安倍晴明にまつわる話も目立つ。『源平盛衰記』には、晴明の妻が、式神である十二神将の醜悪な姿を恐れたので、晴明が橋の下に隠しておいたとある。晴明は必要に応じて橋の下から式神を呼び出し、祈禱などに使った。

晴明が名声を得るきっかけとなった、ライバル蘆屋道満との争いもこの橋が絡んで

一条戻橋。数多の逸話を生んだ戻橋も、今はコンクリ製の現代的な姿。たもとの柳が風情を添える　▶市バス「一条戻橋・晴明神社前」下車すぐ／上京区堀川下之町

いる。父・安倍保名（あべのやすな）が道満の陰謀によって殺されたことを知った晴明は、急遽、蘇生の呪術をかけた。鳥獣に食われてばらけた遺骸を集め、祭壇において祈禱を捧げると、欠けていた体の部分が集まり、元通りに回復。意識も戻った。陰陽道でいう「生活続命（しょうかつぞくみょう）の法」で、命を吹き返す橋にちなむ伝承である。

晴明を祀る晴明神社は、戻橋からは目と鼻の先の距離だ。堀川通を北上し、西側に並行する葭屋町通に面して建つ。交通量の多い堀川通から一本入っただけなのに、しんとした空気が漂う。神社手前の小川に架かっているのは旧一条戻橋で、現在の戻橋が平成七年（一九九五）に架け直される前の部材を使って復刻したものだ。

晴明神社。一の鳥居には金色に輝く社紋「晴明桔梗」が掲げられている　▶市バス「一条戻橋・晴明神社前」下車徒歩約2分／上京区晴明町806

晴明神社の厄除桃。古来、厄除けの果実とされてきた桃の像「厄除桃」は撫でるとご利益があるそうだ

趣のある旧戻橋を渡り境内に入ると、アイコニックな星印が目に飛び込んでくる。これは晴明桔梗紋（せいめいききょうもん）ともいわれる五芒星紋（ごぼうせいもん）で、晴明が天文博士だったことを思わせる。五芒星は陰陽道においては呪符でもあった。

陰陽師は、陰陽五行説に基づいて天体を読み、暦を扱い、呪術や祈禱などを行う。一種の宗教者だが、当時は最先端の学問だった。また、暦や天文を司ることは、ときに天皇（国家）の安寧を左右する政治的な意義もあり、きわめて権威ある職務だった。

『源氏物語』では禊祓（みそぎはらえ）や呪術などを行う場面が頻繁に出てくる。貴族たちにとって、吉凶を占い、祭祀や祈禱を行う陰陽師は身近な存在だったのだ。では、当時の貴族は具体的にどのようなきっかけで、何を求めて陰陽師を頼ったのだろう。

例えば、平安朝で栄華をきわめた藤原道長（ふじわらのみちなが）の日記『御堂関白記（みどうかんぱくき）』には、自宅の屋根に鷺（さぎ）が群れ集まったとして、「物忌み」を実行している。物忌みとは異変を災厄の前兆として家にこもることで、道長はこれを実に三〇〇回以上も行っている。現代から見ればささいな理由だが、彼が根拠としたのが、陰陽師の助言だった。なお、晴明は道長の依頼で屋敷を訪ねている。道長邸は京都御苑の仙洞御所（せんとうごしょ）と、その西に位置する白雲（しらくも）神社あたりの二カ所にあり、晴明邸からは徒歩で五～一〇分程度の距離にあった。

病の治癒を陰陽師が担うこともよくあった。当時は近代医学の知識を基に治療する医師がいないので、人々は陰陽師に病気の原因を占ってもらい、治療法を相談の上、禊祓をして治療としていた。いわば貴族社会のカウンセラーであり、医者といえる。

呪術の効き目（験（げん））が高いほど、陰陽師の評価は上がる。晴明の場合、貴族社会のトップたる天皇の信頼を勝ち取ることで、五一歳という遅い出世を遂げて天文博士となった。藤原行成（ふじわらのゆきなり）の『権記』、惟宗允亮（これむねまさすけ）の『政事要略』では「陰陽ノ達者也」と、その手腕を称えられている。永延元年（九八七）には天皇直属である蔵人所陰陽師に昇進、さらに活躍していったとされる。

京都御所の猿ヶ辻。陰陽道で方角の神とされる猿が鎮座する猿ヶ辻。鬼門封じのため塀の角が欠けた造り　▶市営地下鉄烏丸線「今出川」駅下車徒歩約5分・市バス「烏丸今出川」下車徒歩5分／上京区京都御苑内

一方、人々を畏怖させた逸話も少なくない。『今昔物語集』によれば、晴明の屋敷では、しばしば人の姿も見えないのに戸が上下したり、門がひとりでに開閉したりしていたという。これらは、陰陽師が占いに使う式盤の守護神を使役神とした「式神（しきがみ）」の仕業。姿かたちは、紙で作った人型、鬼のような姿など諸説あり、晴明が連れていた童子こそが式神だとする意見もある。こうした話は、陰陽師を頼った人々の恐れや不安が、後世の物語によって拡大再生されていったのだろう。

都を守る神の使いの「猿」の位置に注目を

再び一条通に戻ったら、さらに東へ進み、烏丸通まで至ると京都御苑だ。あるいは、同

志社大学前の今出川御門から御苑に入ってもいい。この場合、そのまま南へ進むと御所の築地塀に突き当たる。塀に沿って東へ歩き、角までたどり着くとそこが「猿ヶ辻（さるがつじ）」である。

猿ヶ辻は御所の東北の角、鬼門にあたる。鬼門とは陰陽道において鬼が出入りするとして忌む方角のこと。塀の角が直角ではなくL字型に隅が欠けているのは、「鬼門除け」の処理だ。ここで塀の屋根を見上げると、金網に囲まれた猿が確認できる。比叡山延暦寺（ひえいざんえんりゃくじ）の地主神・日枝（ひえ）神社の使いである猿は、かつて御所の鬼門を守っていたが、夜になると歩き回ってはいたずらをしたので、金網の中に閉じ込められたという。この話から、鬼門の辻は猿ヶ辻と呼ばれるようになった。やがて「災いが去る（猿）」という意味にも転じたそうだ。比叡山の山麓にある赤山（せきざん）禅院は京都の表鬼門にあたることから、ここの拝殿の屋根にも金網で囲われた猿の胸像が置いてある。「猿ヶ辻」の猿と呼応するかたちで御所方面をにらんでいる。

今出川通に戻り、御所北東の角からそのまま北上して細い路地を五分ほど歩くと、石の鳥居を構える幸神社（さいのかみのやしろ）にたどり着く。こぢんまりとしているが、創建された平安時代には広大な敷地を誇る神社だった。

幸神社の猿。金網に囲まれた猿の木像は、御幣を担いだ姿。一説には左甚五郎の作ともいわれる

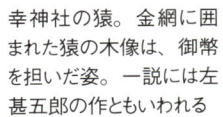

幸神社。細い路地の奥にひっそりと建つ幸神社。縁結びと鬼門除け信仰では長い歴史を持つ ▶市バス「河原町今出川」下車徒歩約 10 分／上京区寺町通今出川上ル西入ル幸神町 303

現在、その名前から幸せや良縁を招く「縁結び神社」として親しまれているが、主祭神・猿田彦（さるたひこ）大神の導きにより縁結びのご利益は実に古い歴史を持つ。境内奥の「おせきさん」なる良縁の神様は、社殿ができる前からあったとされる。

そして、その横あたりが本殿の北東角、つまり鬼門に位置し、ここでも猿の像が見られる。烏帽子（えぼし）をかぶり、御幣を持つこの木彫りの猿は、一説によれば名匠・左甚五郎（ひだりじんごろう）によるものだという。

猿ヶ辻ー幸神社ー赤山禅院ー延暦寺山麓・日吉大社と都から東北の鬼門ラインを一直線に貫く四カ所の猿たちは、今も都を見守っているのである。

怨霊を鎮める社を巡る

所要時間
約4時間（徒歩）

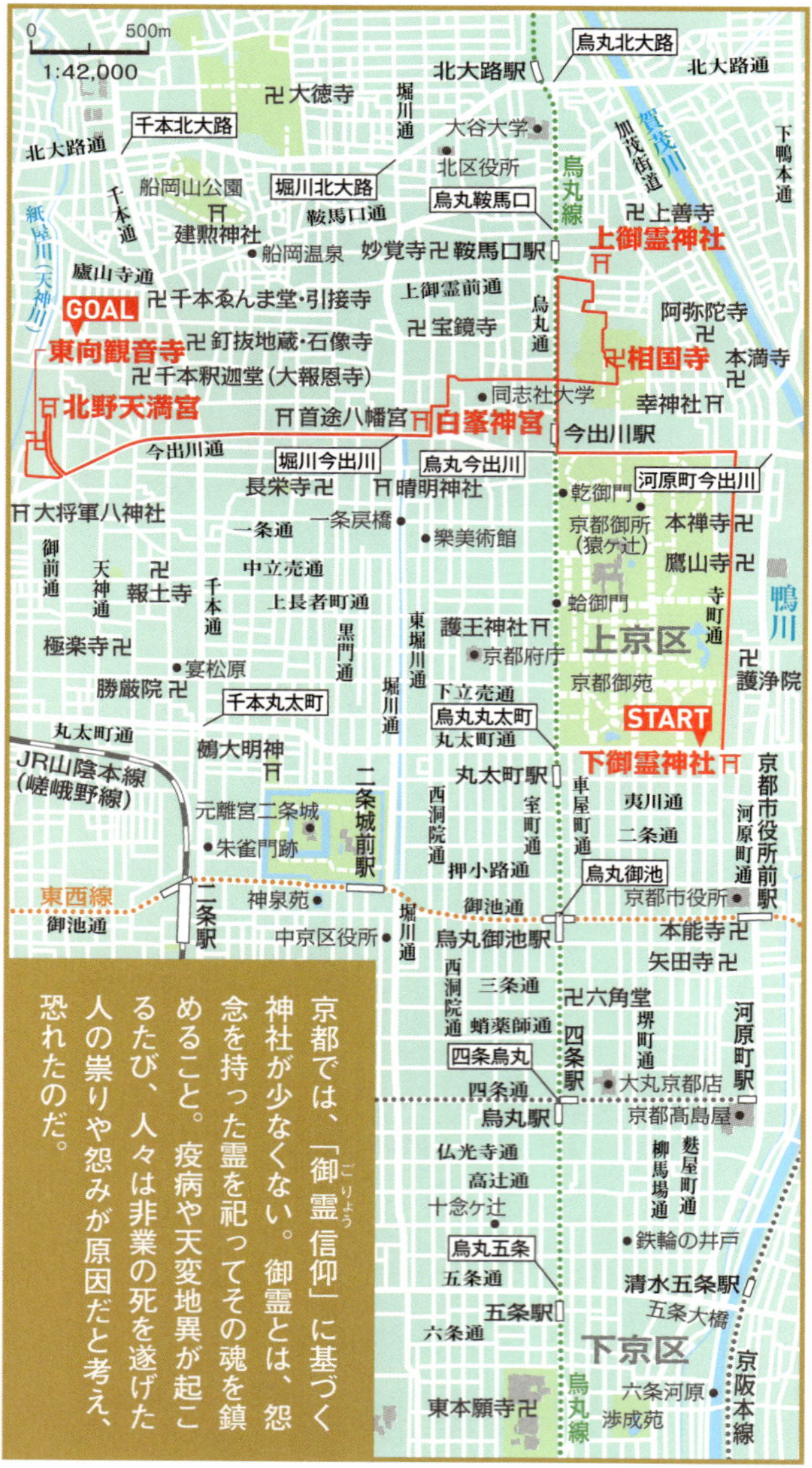

京都では、「御霊信仰」に基づく神社が少なくない。御霊（ごりょう）とは、怨念を持った霊を祀ってその魂を鎮めること。疫病や天変地異が起こるたび、人々は非業の死を遂げた人の祟りや怨みが原因だと考え、恐れたのだ。

下御霊神社。崇道天皇、藤原廣嗣、橘逸勢、文屋宮田麻呂、火雷天神も祀っている　▶市バス「河原町丸太町」下車徒歩約1分／中京区寺町通丸太町下ル

天皇家が尊崇した御霊信仰の中心地へ

平安の昔、天変地異や病気に怯えた人々は、その源を死人の怨霊（おんりょう）に求め、祈りを捧げることで鎮めてきた。寺町丸太町の交差点の南東部に位置する下御霊（しもごりょう）神社は、上御霊（かみごりょう）神社（後述）の南に建つことからこの名がついた。

下御霊神社の創建の由来は、桓武（かんむ）天皇の息子・平城（へいぜい）天皇が祟りに苦しんだことからだという。怨霊の主は、平城天皇の異母弟の伊予（いよ）親王と、その母・藤原吉子（ふじわらのよしこ）。桓武天皇の崩御後、長男・安殿親王（あてのみこ）（のちの平城天皇）が即位したが、親王は弟の神野（かみの）親王（のちの嵯峨（さが）天皇）を皇太弟として擁立した。この状況を見た藤原（ふじわらの）宗成（むねなり）が伊予親王に謀反をけしかけたが、察知した朝廷が宗成を捕らえて尋問。宗成は伊予親王が首謀者だと答えて罪を着せた。伊予親王と母・藤原吉子は平城天皇の命で幽閉されたのち、自害。一連の騒動は収束したかに見えたが、平城天皇がにわかに病に倒れ、母子の怨念だとして怯え苦しむようになり、社が建てられたのだ。

下御霊神社を出たら寺町通を北上して、今出川通を左折して進み、烏丸今出川の交差点で右折して烏丸通を北上すると、上御霊神社に着く。正式には「御霊神社」という。かつては「御霊の森」とも呼ばれたほど鬱蒼とした森が広がっていたが、今では境内の樹木にその面影がわずかに感じられるのみだ。都が平安京に決まる前のこと。桓武天皇は長岡京へ遷都する計画を進めていたが、その責任者の藤原種継（ふじわらのたねつぐ）が暗殺され、早良（さわら）親王が首謀者に浮上する。天皇は親王を淡路島へ流罪としたが、親王は無罪を主張して断食を始め、淡路島へ着く途中で力尽きて落命。その後、桓武天皇の身辺では、妻・藤原旅子（ふじわらのたびこ）が死去し、近畿一円で疫病により多くの民が亡くなるなど凶事が続き、陰陽師は早良親王の怨念だと判断した。落雷により式部省の南門が倒壊するに至り、天皇はついに長岡京を廃都とした。

だが、都を平安京に移しても天皇の不安は募るばかりだった。そこで、弟の怨念を

相国寺。相国寺の法堂。天井には「鳴き龍」ともいわれる蟠龍図が描かれ、人気を博している　▶市営地下鉄烏丸線「今出川」駅下車徒歩約10分／上京区今出川通烏丸東入ル

鎮めるため、「崇道(すどう)天皇」の尊号を追贈して神社を創建。なお、一連の騒動の背景には、桓武天皇が実子の安殿親王を皇太子にしたいという思惑があったともいわれる。つまり、親王を排除するために暗殺事件の犯人にでっちあげたという説だ。桓武天皇は臨終の際にも崇道天皇の冥福を祈り続けるよう言い残したとされ、その罪悪感こそが恐れの源だったのかもしれない。

風雅な狐の霊を哀れみ建てられた「宗旦稲荷」

同志社大学を挟み、御所の北側に建つ相国寺(しょうこくじ)の広大な寺域に祀られている「宗旦稲荷(そうたんいなり)」には、稲荷神の使いである狐にまつわる伝承がある。名の由来は、千利休の孫で千家を再興した千宗旦から。相国寺の境内に棲みついていた一匹の白狐が

宗旦に化けて茶会に出入りしていたという話が残る。また、門前の商家に出入りして商機を予言したり、人に化けて近所の人たちと趣味の囲碁を楽しんだりもしていたという。

周囲の人々も白狐に親しんでいたため、狐が鉄砲で撃たれて死んだときは深く哀れみ、手厚く埋葬した。商売がさかんな都では、出世や商売繁盛にご利益がある稲荷信仰がさかんで、丁重に祀らねば祟りが起きるのでは、と考える者も多かったのだろう。

天皇家が恐れ続けた悲劇の崇徳天皇を祀る

平安の都で最も恐れられた強力な怨霊が、白峯（しらみね）神宮に祀られている崇徳（すとく）天皇（上皇）である。堀川今出川に位置する白峯神宮に入ると、意外に小さく新しい造りだ。それでも足を踏み入れると菊の御紋が各所で目に入り、天皇家の風格が漂う。

創建は幕末の動乱期。すでに讃岐の白峯に祀られていた崇徳の霊をこの地に勧請した。神宮号がついたのは昭和一五年（一九四〇）のことだ。この二つの時期には、いずれも国家（天皇）が危機に揺れていたという共通点がある。幕末は尊王攘夷（じょうい）（天皇を敬う排外思想）が猛威を振るい、政治の混乱が続いていた。後者は戦時中であり、

蹴鞠の碑。蹴鞠の飛鳥井家の屋敷地だったことから蹴鞠の精霊を祀る。今は球技選手からも人気がある

白峯神宮。意外に新しい神社だが、境内のあちこちで目に入る菊の紋が格調を高めている　▶市バス「堀川今出川」下車すぐ／上京区飛鳥井町261

翌年には太平洋戦争に突入する。こうした時期に崇徳天皇を祀った理由は、それが天皇家を脅かす最凶の怨霊とされてきたからだ。

崇徳は、退位した前の天皇が実権を握った院政期の天皇である。彼は鳥羽天皇と藤原璋子の第一皇子として生まれたが、父から忌み嫌われて育った。鳥羽天皇が、自身の父・白河法皇と璋子が密通してできた子だと疑ったからだった。

崇徳は即位したものの、鳥羽天皇が上皇として院政をしくようになると退位を命じられる。弱冠二三歳にして上皇として隠居を強いられた崇徳は、皇位を弟の近衛天皇に譲ったものの、ひそかに実子に皇位継承の望みをかけて耐えていた。だが、近衛天皇の崩御後に玉座についたのは、弟・後白河天皇だった。

絶望した崇徳は、父が死去した年、後白河天皇との対決に臨む。摂関家や武士も巻き込んだ「保元の乱」の勃発だ。だが、崇徳はまたしても敗北する。

罪人として讃岐国・白峯へ送られ、幽閉された崇徳は、いつしか仏教に救いを見いだすようになった。そして、戦死者の供養や自己の悔いのしるしとして「五部大乗経」の写本を編むことに専念していく。

写本が完成し、崇徳は都の寺に奉納を申し出たが、後白河天皇から「呪詛がこもっている」との理由で拒まれてしまう。ここに至り、ついに崇徳の精神は崩壊。恨みを抱えたまま世を去った。

崇徳の遺体が白峯山に運ばれる際、空がにわかに暗くなり、雷鳴が轟くなか、棺から血が流れ出たという。都では、「崇徳が天皇家以外の民を支配者に立てるよう呪った」と噂され、以来、天皇家は崇徳の怨霊を極度に恐れるようになったのである。

「学問の神様」菅原道真は、なぜ「天神さん」になった？

大内裏まで至る目抜き通りである朱雀大路は、南端の羅城門から伸びていた。現在の千本通だ。大内裏があったのは今出川通と交差するあたりで、現在の北野周辺

北野天満宮。菅原道真が没した25日は毎月、縁日でにぎわう「天神さん」の日としておなじみに　▶市バス「北野天満宮前」下車すぐ／上京区馬喰町

のエリアにあたる。北野(きたの)きっての観光スポットである北野天満宮は、「学問の神様」として受験シーズンには合格祈願の参拝客でにぎわい、毎月二五日の天神市には骨董を求めて買い物客が集まる。

ここもまた、御霊信仰に基づいて菅原道真(すがわらのみちざね)を祀る神社である。道真は、崇徳院、平将門(たいらのまさかど)と並び恐れられるほど、その呪いは強大だとされてきた。

突出した学才によってスピード出世を遂げた道真は、ライバルの藤原時平(ふじわらのときひら)に妬まれ、謀略によって大宰府に流されてそこで没した。するとまもなく都を疫病が襲い、近畿一円で洪水が頻発。朝廷では、時平や醍醐天皇、皇子らが相次いで亡くなり、道真の呪いのせいではないかということになり、天暦元年（九四七）、天満宮が創建された。

災いが道真に由来すると考えられた根拠もあった。

託宣（たくせん）——神のお告げがあったのである。天満宮建立の五年前、多治比文子（たじひのあやこ）という巫女に道真の霊が憑依し、「自分の霊を北野の地に祀れ」と託宣を下した。また別の場所でも複数の人に同様の託宣があったので、北野の地に天満宮を建てる運びになったのだ。

北野天満宮の境内には「地主神社（じぬし）」「火之御子社（ひのみこしゃ）」という社があるが、いずれも道真を祀る前からあったと伝わる。前者はかつて「北野天神」と呼ばれる古い農耕の神を祀り、「火之御子社」は農耕において作物の出来を左右する雷が祭神だ。実は道真の怨霊騒ぎの折、清涼殿（せいりょうでん）に落雷があり、被害者も出ている。雷を神として恐れ「天神（雷神）」とする当時の発想に、道真の怨霊が結びついても不思議はない。そのため、落雷の多発地帯だった北野に「天満大自在天神（てんまんだいじざいてんじん）」という、特別な天神として祀られたのだ。

改装を繰り返した、いわくつきの巨大蜘蛛塚

北野天満宮の西隣に建つ東向観音寺（ひがしむきかんのんじ）の境内には、都を震撼させた巨大蜘蛛の塚があったという。巨大蜘蛛とは、『平家物語』『太平記』に付記されている源氏伝来の宝刀に関する伝説が語られるなかで広まった化物である。次のような話だ。

平安中期の武将、源頼光（みなもとのよりみつ）が一カ月ほど熱病に伏せっていた頃のある晩、灯火の

東向観音寺の蜘蛛塚。祟りの伝説がつきまとう蜘蛛塚。今は地元の有志によって整備され、歴史を伝えている　▶市バス「北野天満宮前」下車すぐ／上京区今小路通御前通西入上ル観音寺門前町 863

ゆらめきから巨体の法師が現れ、頼光に縄を投げてきた。頼光は源氏伝来の宝刀で切りつけたが、手ごたえがあったのに法師の姿が見えない。不思議に思った頼光が四天王（60ページ）に法師の血痕をたどらせると、北野天満宮のうしろの大きな塚にたどり着いた。塚を掘ってみると一メートルはあろうかという山蜘蛛が現れたので、法師の正体だと気づいた頼光はただちに切って捨てたという。

ここの塚はもともと上京区一条通七本松西入ルの墳丘（現・清和院（せいわいん）の西側）にあったが、明治時代にこの墳丘を壊してから紆余曲折を経てこの地に落ち着いた。いったんは個人宅に置いたが不吉なことが続いたため、大正末期に改めて奉納されたという。

魔界コース3

妖魔と対峙する

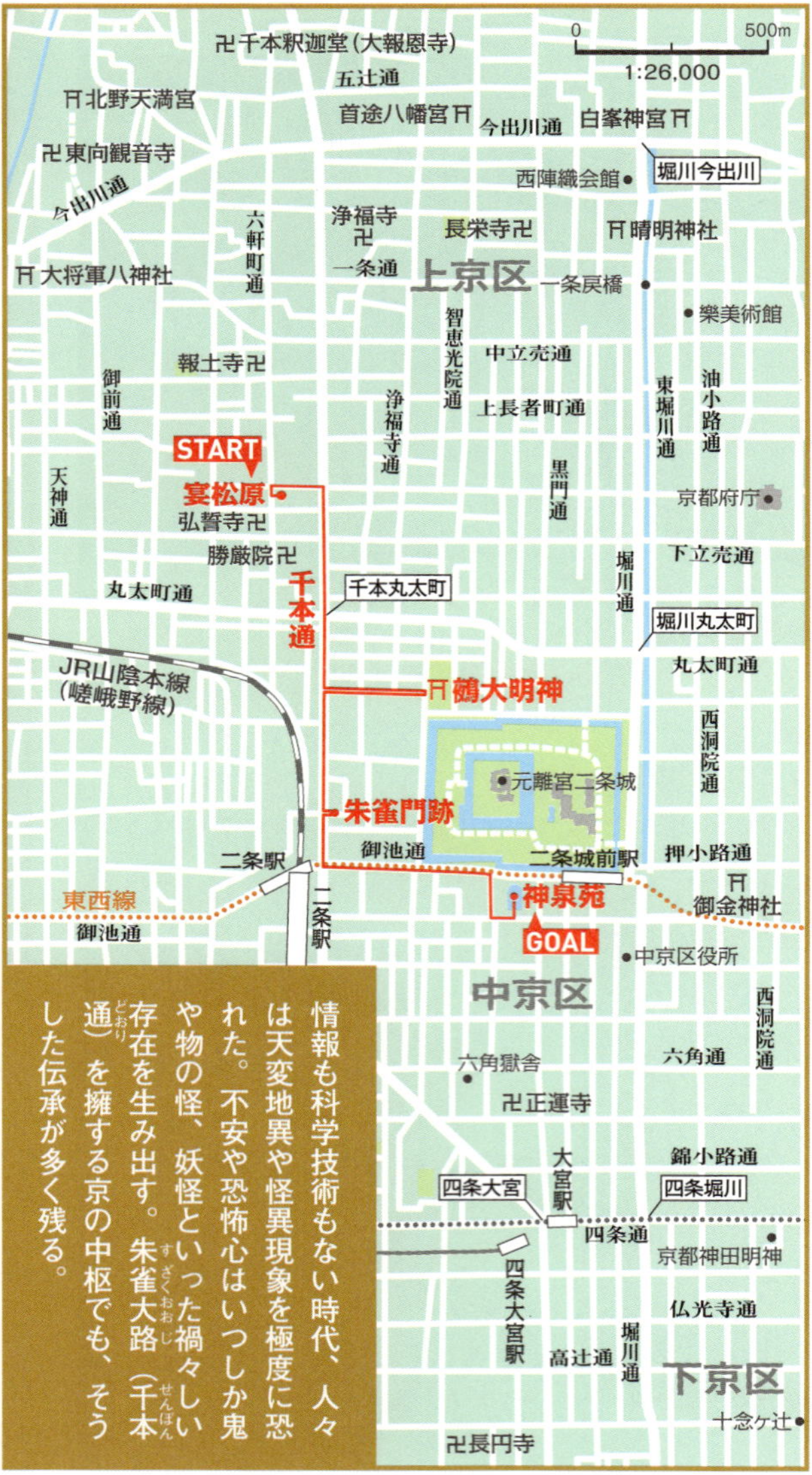

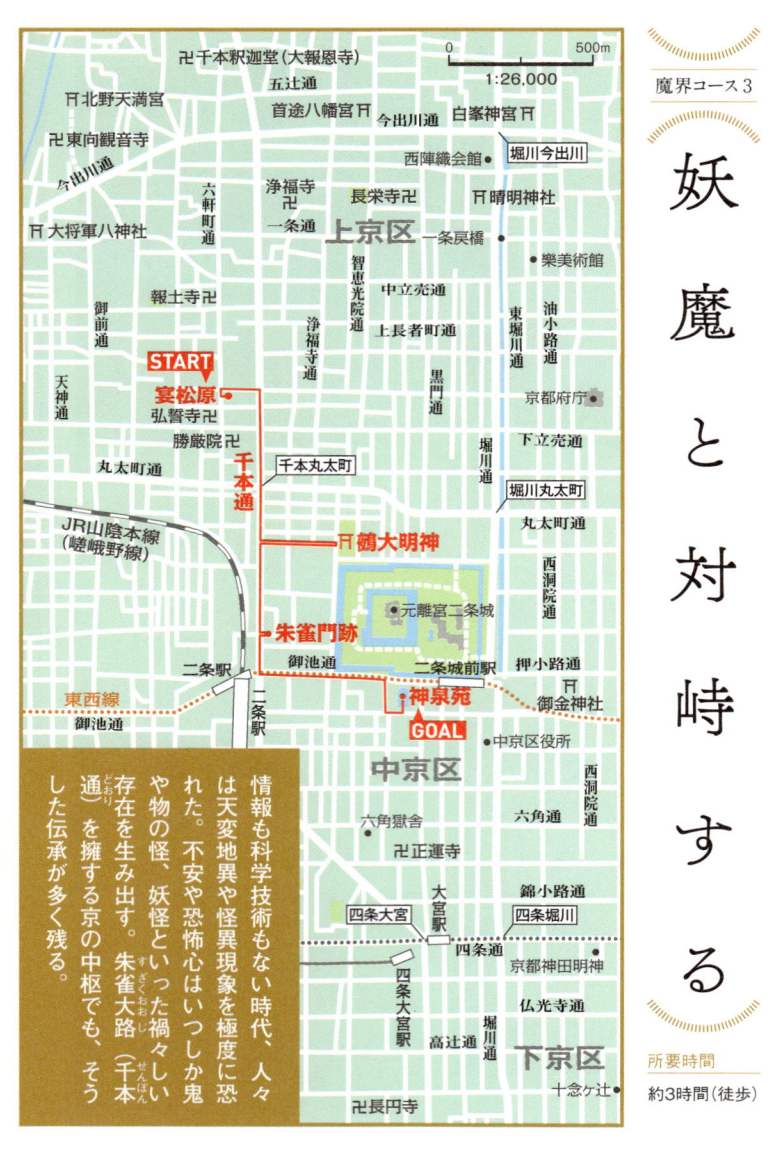

情報も科学技術もない時代、人々は天変地異や怪異現象を極度に恐れた。不安や恐怖心はいつしか鬼や物の怪、妖怪といった禍々しい存在を生み出す。朱雀大路（千本通）を擁する京の中枢でも、そうした伝承が多く残る。

所要時間
約3時間（徒歩）

死者埋葬の地であり、人食い鬼伝説も残る千本通

南北に走る千本通は平安の昔、大内裏（だいだいり）の南の朱雀門（すざくもん）から南端の羅城門（らじょうもん）までを南北に貫く朱雀大路（すざくおおじ）だった。現在では、並行する堀川通や烏丸通、河原町通と比べると交通量が少なく、静かな印象を受ける。その千本通と交差して東西に貫く細い出水通を西に少し入ったあたりに、「宴松原（えんのまつばら）」と刻まれた石柱がひっそりと建つ。千本通よりもさらに人通りが少なく、周辺は寺院が目立つ閑静な住宅地である。

宴松原とは、大内裏の西側にあった土地のことで、松林が広がっていた。この土地の背景については諸説ある。例えば、南北四三〇メートル、東西二五〇メートルほどもある広大な土地だったことから、内裏の建て替え用地だったという説。あるいは名前の通り、宴の用地だったという説。しかしいずれもはっきりせず、承和元年（八三四）に空海（くうかい）がここの南東部に祈禱のための真言院を建てたこと以外、大規模な建設記録は残っていない。

一方、鬱蒼と松林が茂る寂しげな土地が生んだ怪異譚（かいいたん）は現代に残された。『古今物語集』には、仁和三年（八八七）のある夜更けの事件として次のような話が載っている。

宴松原。怪異譚で知られる宴松原。夜闇の松林は時代を問わず、人の恐怖をかき立てるものだ　▶市バス「千本出水」下車徒歩約2分／上京区出水通千本西入ル

三人の若い女性が松林付近を歩いていたところ、美しい男性が現れ、一人の女性の手を取って松林の中へ消えていった。不安になった二人が林の中へ分け入ると、女性のものと思しき手足が落ちており、あたりは血の海になっていたという。以降、この松林には人食い鬼伝説が広まった。

『大鏡』には花山（かざん）天皇の命によりここで肝試しをした藤原道隆（ふじわらのみちたか）・道兼（みちかね）・道長（みちなが）兄弟の話がある。兄弟が松林にさしかかったあたりで身の毛もよだつような声が聞こえてきた。兄二人は慌てて逃げ去り、やり遂げた道長だけが出世したという。宴松原の周辺にはこうした怪談が絶えなかったようだ。

話を千本通に戻し、道沿いに歴史をたどってみよう。現在、丸太町通から今出川通までは片側一車線の道幅だが、平安京の頃の朱雀大路は、約八五メートルもの道幅を誇るメインストリートだった。だが、一〇世紀頃になると急速に廃れ、荒れ果てていった。

冥界と縁があり、千本の卒塔婆が建ったという千本通。今は平凡な生活の道である　▶市バス「千本丸太町」下車すぐ／千本通

その最大の理由が、右京（都の西側）の治水の悪さだ。右京は池や沼が多く、都ができてからも土地の造成が不十分だったので、大雨が降るとなかなか水が引けていかず、疫病の遠因となった。平安中期の儒学者・慶滋保胤（よししげのやすたね）による『池亭記（ちていき）』（天元五年）にも、右京には去る者はいてもくる者はいないことや、民家がまばらで廃墟のようになっていたことが書かれている。

朱雀大路は羅城門から大内裏の南の門である朱雀門までの通りだが、延長線上に北上すると船岡山へ至る。船岡山の西側の麓は「蓮台野（れんだいの）」と呼ばれる葬送の地だった。そのため、朱雀大路はいつしか死者を蓮台野へと運ぶ葬送の大路となり、道沿いにも卒塔婆（そとば）が建つようになる。「千本通」の名の由来は、卒塔婆が増え続けて千本にも達したからだという。

夜空を不気味な声で飛ぶ「鵺」が射落とされた地

都には、剛の者たちによる化け物退治の逸話も数多く残る。弓の名手だった源（みなもとの）頼政（よりまさ）による鵺（ぬえ）退治もそのひとつで、『平家物語』などで語られてきた。「鵺大明神」というものものしい名前とは裏腹に小さな社である。千本通を丸太町通まで南下し、そこから徒歩五分ほど。二条城の北西の角に隣接する二条公園のさらに北端に、ひっそりと建つ。石碑によれば、かつて二条公園には「鵺池」と呼ばれた池があり、頼政が矢についた血を洗ったといういわれがある。

不気味で正体が知れないといった意味の「鵺のような」という表現がある。平安時代に都の夜空を飛び回った「鵺」も、その漠としたイメージで人々を恐怖に陥れた怪鳥だった。のちに物語や浮世絵に描かれた姿は、頭が猿、胴体が狸、手足は虎で、尾は蛇という、まさに得体の知れない不気味さだ。黒い雲がたちこめる日には丑の刻（午前二時頃）に内裏近くに現れ、恐ろしげな声で泣いたとも伝えられる。

鵺をひどく怖がった近衛（このえ）天皇は、高僧に秘法を駆使させて退治を試みたが、まるで効果がなかった。手を尽くした朝廷は、源氏・平氏の武士に御所の警備を命じ、天皇

平成17年（2005）に整備された現在の鵺池。江戸時代は京都所司代の敷地となり、当時の名所記には描かれていない　▶市バス「千本丸太町」下車徒歩約10分／上京区智恵光院通丸太町下ル主税町二条公園内

を守ることにした。このときに活躍したのが頼政だった。

黒雲が空を覆う夜。頼政は鵺を射るための鏑矢（かぶらや）を空に放った。矢は見事に命中し、忌まわしい鳴き声とともに鵺が落下。従者が太刀で仕留めた。このとき落下した地点が、鵺大明神が建つ場所だとされる。

境界性から多くの怪異譚を生んだ朱雀門

千本通に戻り歩いて数分下ると、かつてここに朱雀門（すざくもん）があったことを示す石碑が通りの東側に建っている。

朱雀門は大内裏の南側中央の正門で、一二カ所あった門のひとつ。「朱雀」とは南方を守護する中国由来の神獣のことで、翼を広げた鳳凰のような鳥だとされる。天皇を警護していた大伴氏（おおともし）にちなんで、弘仁九年（八一八）以前は大伴門とも呼ばれた。

できた頃の朱雀門は、幅四七メートル、奥行が一五メートルもある石壇の土台に、丹塗りの柱と白壁で構成された鮮やかな色彩の楼門だったと伝えられている。中央には堂々と掲げられた「朱雀門」の額は、能書家としても高名な弘法大師（こうぼうだいし）が手がけた。

だが、この壮麗な門も、度重なる火災や大内裏の荒廃にともなう移転などを経て、次第に寂れていく。かつての宮城正門の威容が失われると、棲みつくようになったのが盗賊や狐狸のたぐいだ。

さらに、鬼や妖怪の噂も立つようになった。といっても、京都らしい風雅な鬼の逸話が目立つ。

朱雀門跡。冥界と現世を行き来したという小野篁が朱雀門で百鬼夜行に出くわした伝説も残る ▶山陰本線・市営地下鉄東西線「二条」駅下車徒歩約３分／中京区西ノ京小堀町2-24

鳥山石燕『今昔画図続百鬼』より「鵼」。干支を表す獣から、虎（北東の寅）や蛇（南東の巳）などを合成した姿で描かれることも

天皇が愛でた、精霊が宿る「玄象（げんじょう）」という琵琶があった。内裏が火災に見舞われたとき、玄象はひとりでに空へ舞い上がり、庭の椋（むく）の木に引っかかった。これを朱雀門に棲む鬼が盗もうとしたが、なぜか元の場所に戻ってしまう。実は玄象には修法（しゅほう）（仏教呪術）がかけられていたため、鬼の手を離れたというわけだ。

朱雀門に棲む鬼が所有していた笛が天皇のもとへ渡るという話もある。この笛には青葉と赤葉が彫られていたので「葉二（はふたつ）」という美しい名がついていた。笛の名手・源博雅（みなもとのひろまさ）が月夜の晩に朱雀門の前で笛を吹いていると、別の笛の音が重なり、美しい音色になった。以来、博雅はここで合奏することにした。あるとき、博雅は相手の笛を借りて吹いてみたところ、改めていい音色に惚れ込み、交換してもらった。まもなく博雅は死去し、笛は天皇のもとへ渡った。天皇の命で、笛の名手である浄蔵（じょうぞう）に朱雀門の前で吹かせたところ、楼上から褒めたたえる声が聞こえ、もとの持ち主が鬼だとわかったという。

また、『今昔物語集』には登照（とうしょう）という僧の不思議な話が見える。彼は人相見が得意で、都の人々から信頼も厚かった。ある日、登照が朱雀門にやってくると、人々の顔に死相が出ていた。登照はまず人々が何者かに襲われるのかと考えたが、あまりに人数が多く、現実的ではない。次に、朱雀門が倒壊すると直感し、皆に遠くへ逃げるよう叫んだ。すると、地震もなく、損傷も見られないのに、門は轟音を立てて崩れ去った。

実際に朱雀門が倒壊したのは永祚元年（九八九）、一条天皇の時代。この事実と、廃れゆく門が死骸捨て場になったことなどが結びつき、奇妙な話が残ったのだろう。鬼の伝説が多い理由には諸説あるが、大内裏を内外に分ける境界であることから異界との接点とされ、かつ高い楼閣の特殊性が人々に強く印象づけられたともいわれる。

空海が雨乞いの修法を行った禁苑

千本通をそのまま南下し、御池通につきあたったら左折し、しばらく進むと神泉苑にたどり着く。二条城の南手だ。

神泉苑の象徴ともいえるのが、法成就池。延暦一三年（七九四）の平安京造営の際に、桓武天皇が中国の鳥獣を養う霊囿を模して造られた禁苑（天皇のための庭園）で、豊かな湧水が象徴的だったことから「神泉苑」と名づけられ、水に関する逸話が多い。

当時は現在の約一五倍の面積で、北は二条から南は三条まであった。神泉苑所蔵の『神泉苑絵巻』には、空海（東寺）と守敏（西寺）の法力比べの話が載っている。

平安の昔から、豊かな水をたたえる池が象徴の神泉苑

▶市営地下鉄東西線「二条城前」駅下車徒歩約２分／中京区御池通神泉苑町東入ル門前町167

天下の大干ばつの折、淳和天皇は空海に雨を降らせるよう祈禱を命じたのだが、効果はなかった。雨風をもたらすあらゆる龍神が、守敏の呪力によって水瓶に封じ込められていたのだ。唯一、呪力を逃れていた北天竺の「善女龍王」を神泉苑に呼び寄せ、公卿の和気真綱を勅使として迎え、雨乞いのための請雨法を祈禱した。善女龍王は大蛇の頂きに乗って、龍の姿で現れたという。すると、黒雲がわき起こり三日間にわたって国土に大雨を降らせ、旱の災いは永く消えたという。以後、ここは真言宗の高僧による雨乞いの祈禱・祈雨修法が盛んに行われ、宗教的な霊場となった。祇園祭の発祥となった「御霊会」が初めて行われた地でもある。現在も池の中島には善女龍王を祀る社殿がある。

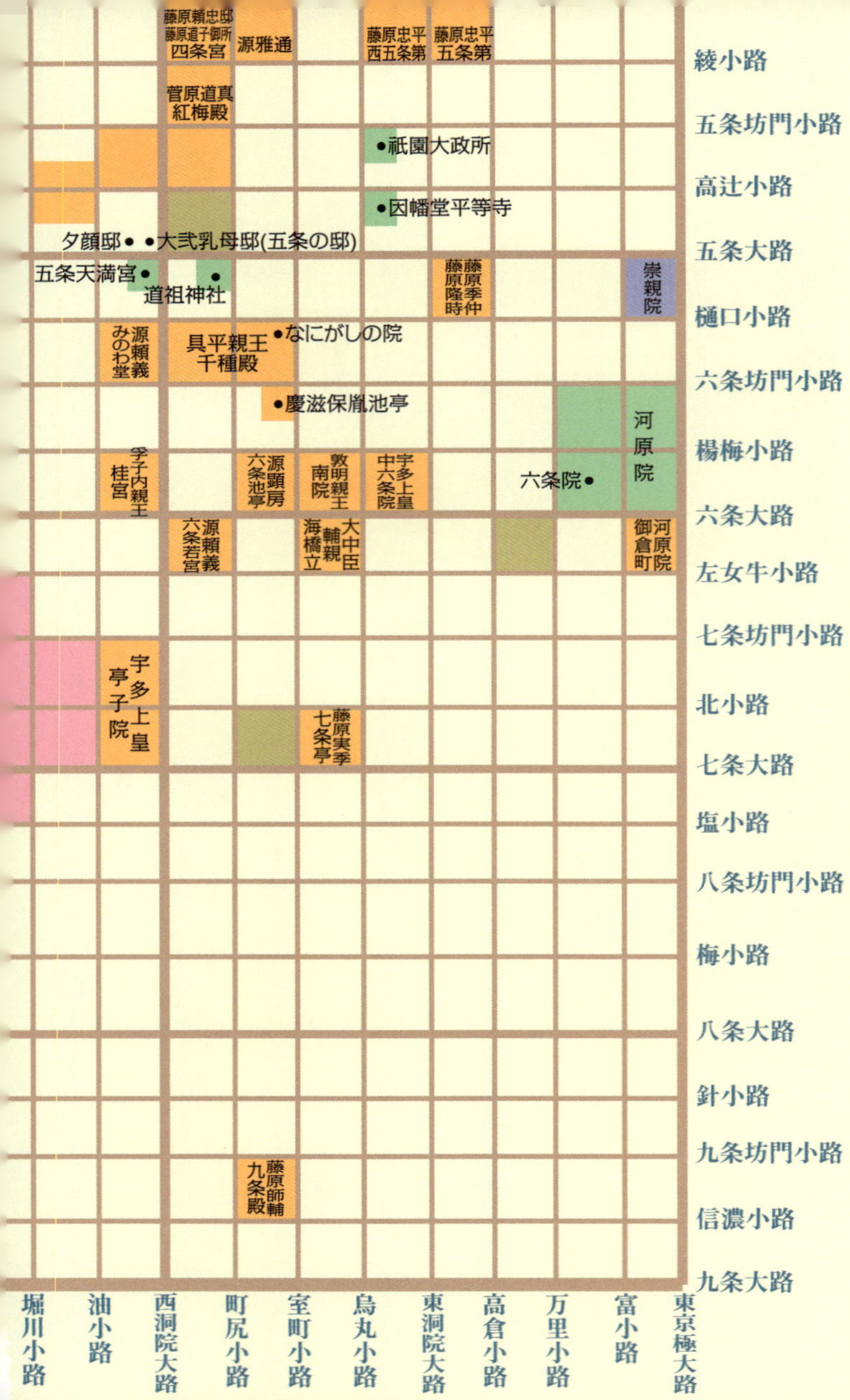

藤原頼忠邸
藤原道子御所
四条宮
源雅通
藤原忠平
西五条第
藤原忠平
五条第
菅原道真
紅梅殿
●祇園大政所
●因幡堂平等寺
夕顔邸●
●大弐乳母邸(五条の邸)
五条天満宮●
道祖神社
藤原季仲
藤原隆時
崇親院
源頼義
みのわ堂
具平親王
千種殿
●なにがしの院
●慶滋保胤池亭
河原院
孚子内親王
桂宮
源顕房
六条池亭
敦明親王
南院
宇多上皇
中六条院
六条院●
源頼義
六条若宮
大中臣
輔親
海橋立
河原院
御倉町
宇多上皇
亭子院
藤原実季
七条亭
藤原師輔
九条殿
綾小路
五条坊門小路
高辻小路
五条大路
樋口小路
六条坊門小路
楊梅小路
六条大路
左女牛小路
七条坊門小路
北小路
七条大路
塩小路
八条坊門小路
梅小路
八条大路
針小路
九条坊門小路
信濃小路
九条大路
堀川小路
油小路
西洞院大路
町尻小路
室町小路
烏丸小路
東洞院大路
高倉小路
万里小路
富小路
東京極大路

四条駅
京都神田明神
京都西洞院綾小路郵便局
下京警察署
夕顔の碑
鉄輪の井戸
十念ケ辻
烏丸線
京阪本線
恵美須神社
六波羅蜜寺
清水五条駅
五条大橋
五条駅
河原院跡
新善光寺
蓮光寺
六条河原
烏丸通
六条通
六波羅
方広寺
豊国神社
茶屋町
京都国立博物館
渉成園
東本願寺
下京区
七条大橋
七条駅
七条通
三十三間堂
(蓮華王院)
京都タワー
下京区役所
京都Porta
京都駅ビル専門店街 The CUBE
ジェイアール京都伊勢丹
JR東海道本線(琵琶湖線)
京都駅
東山区
JR奈良線
東福寺駅
東福寺
鳥羽街道
伏見稲荷
霊雲院
九条駅
九条通
東九条
東寺駅
近鉄京都線

京都神田明神
四条駅
京都西洞院綾小路
郵便局
下京警察署
夕顔の碑
堺町通
松原通
御幸町通
十念ヶ辻
鉄輪の井戸
烏丸線
麩屋町通
新町通
川端通
京阪本線
恵美須神社
禅居庵
鴨川
五条大橋
六波羅蜜寺
清水五条駅
烏丸五条
五条駅
河原院跡
宗仙寺
五条通
堀川通
間之町通
高倉通
六条通
烏丸通
蓮光寺
六条河原
方広寺
東本願寺
渉成苑
豊国神社
土手町通
七条大橋
茶屋町
七条堀川
下京区
京都国立博物館
七条通
七条駅
烏丸七条
三十三間堂
(蓮華王院)
下京区役所
京都タワー
京都Porta
ジェイアール京都伊勢丹
京都駅ビル専門店街 The CUBE
JR東海道本線(琵琶湖線)
京都駅
東山区
JR奈良線
近鉄京都線
泉涌寺
東福寺駅
丹波屋
東山橋
東寺駅
九条通
九条駅
東九条
福稲
霊雲院

西院駅
四条通
阪急京都線
嵐電嵐山本線
大宮駅
四条大宮駅
西京病院
壬生寺
新徳寺
仏光寺通
高辻通
長円寺
中堂寺
五条大宮
五条通
西大路五条
丹波口駅
新千本通
櫛笥通
大宮通
JR山陰本線(嵯峨野線)
御前通
壬生川通
正面通
西七条
朱雀
西本願寺
権現寺
梅小路
京都西駅
京都水族館
西大路通
梅小路公園
京都鉄道博物館
梅小路
円光寺
八条通
西大路八条
大宮八条
八条通
蓮華寺
JR東海道本線(JR京都線)
JR東海道新幹線
八条
JR東海道本線
西大路駅
東寺
(教王護国寺)
西寺跡
唐橋
羅城門跡
京阪国道
0
1km
九条通
1:48,000
西九条

阪急京都線
大宮駅
四条大宮駅
西院駅
嵐電嵐山本線
四条通
壬生寺
新徳寺
仏光寺通
高辻通
長円寺
中堂寺
五条大宮
五条通
西大路五条
丹波口駅
JR山陰本線（嵯峨野線）
西本願寺
朱雀
西七条
梅小路京都西駅
権現寺
京都水族館
梅小路公園
京都鉄道博物館
梅小路
円光寺
八条通
大宮八条
西大路八条
蓮華寺
JR東海道新幹線
JR東海道本線（JR京都線）
西大路駅
八条
東寺（教王護国寺）
唐橋
西寺跡
羅城門跡
九条通
西九条
1:48,000

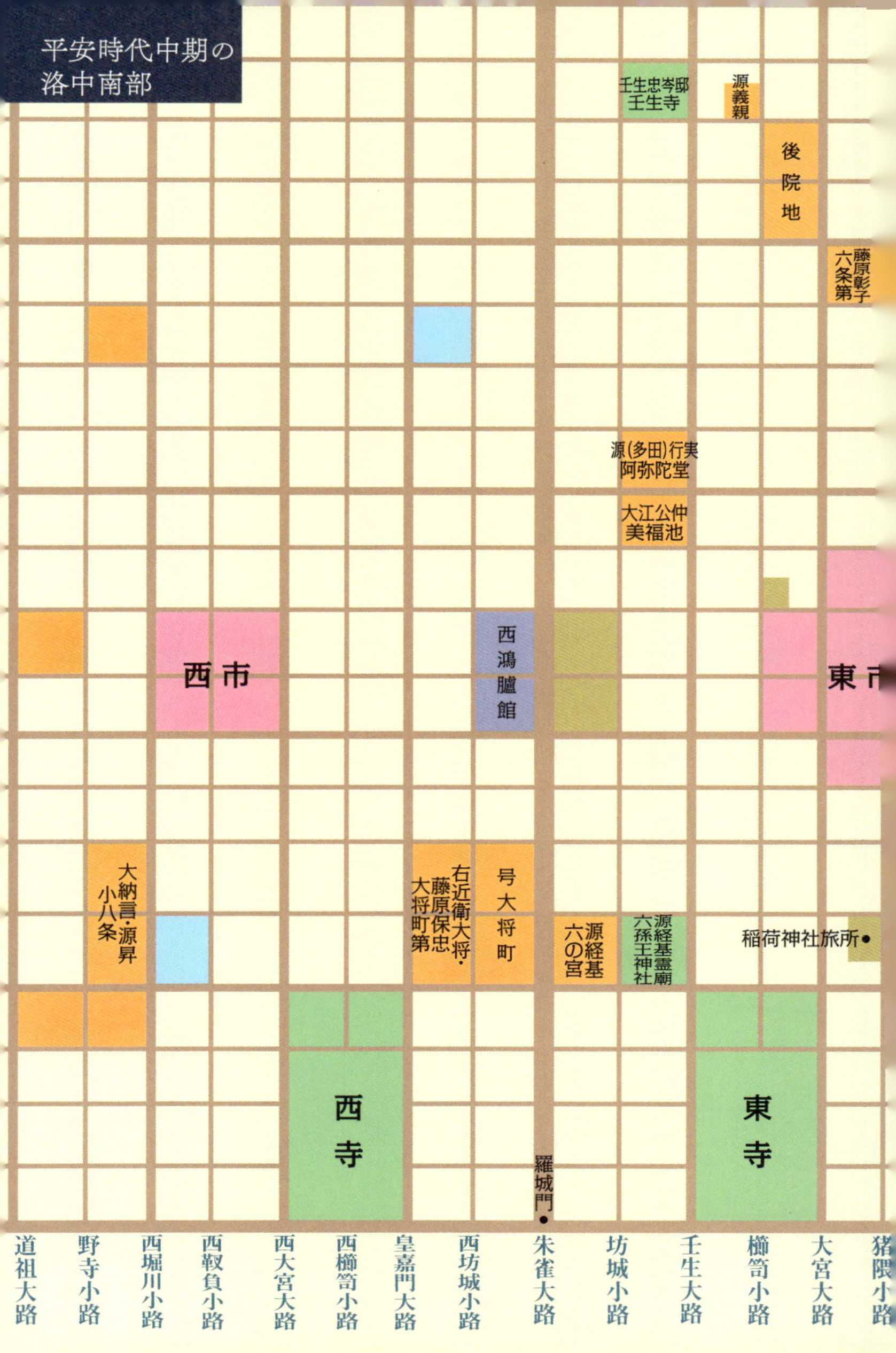
平安時代中期の
洛中南部
壬生忠岑邸
壬生寺
源義親
後院地
藤原彰子
六条第
源(多田)行実
阿弥陀堂
大江公仲
美福池
西鴻臚館
西市
東市
大納言・源昇
小八条
右近衛大将・
藤原保忠
大将町第
号大将町
源経基
六の宮
源経基霊廟
六孫王神社
稲荷神社旅所
西寺
東寺
羅城門
道祖大路
野寺小路
西堀川小路
西靫負小路
西大宮大路
西櫛笥小路
皇嘉門大路
西坊城小路
朱雀大路
坊城小路
壬生大路
櫛笥小路
大宮大路
猪隈小路

魔界コース4

豊臣家ゆかりの地へ

都で栄華を誇る勢力は、貴族たちから平氏一門へと移り、武士が台頭するなか、乱世へと突入。やがて天下人として都で躍ったのが豊臣秀吉だった。都市改造にも積極的だった太閤の残した栄光の足跡をたどる。

所要時間

約4時間(徒歩)

暴走した豊臣秀吉の闇を伝える処刑地

貴族社会が武家政権にとって代わられると、朝廷は存在感を失っていき、都の趨勢は覇者にゆだねられるようになった。応仁の乱で都が荒廃したのちは織田信長が朝廷の後ろ盾となり、やがて天下統一事業を引き継いだ豊臣秀吉が都の改造に着手した。

京都の都市としての輪郭を作り、現代にまで残したのは豊臣秀吉だった。町割と寺院町の形成、「御土居」の築堤である。一方、権力者としての負の歴史を伝える遺物も多い。高瀬川のすぐ東手に建つ瑞泉寺は、秀吉の甥・秀次が処刑されたのち、その首と亡骸が埋められた場所だ。角倉了以が高瀬川を開削した折、秀次らの霊を改めて弔うため、瑞泉寺が建てられたのだ。

三条河原は、古くは処刑の河原として知れ渡り、飢饉の折には死体が打ち捨てられる場所でもあった。鴨長明の『方丈記』には、平家全盛期の養和の飢饉の際、河原が死屍累々だったことが「馬・車の行き交ふ道だになし」と描写されている。そして、多くの死者が出た戦乱の世になると、ここが処刑地として認知されるようになる。

秀吉の跡を継いだ甥の秀次は、秀吉の養子となって関白職を継いだ。ところが、秀吉に実子・秀頼が生まれると秀吉に謀反の疑いをかけられ、高野山に追放され、自害に追い込まれた。さらに、その妻子ら一族三九名もが三条河原で斬首となった。あまりにむごいこの処罰は、秀吉の陰の部分として都の歴史に刻まれている。

盛者必衰の歴史を伝える社寺

鴨川に沿って二〇分ほど南下し、五条大橋を渡り東へ進むと東山区だ。清水寺や産寧坂（三年坂）などを擁する、京都屈指の観光エリアである。

このあたりから東側を眺めると、山になっているのがよくわかる。この東山三十六峰から南東部の阿弥陀ヶ峰の麓には、平安時代初期から葬場である鳥辺野が広がっていた。今も、清水寺の西側の鳥辺山には墓地が広がる。西麓にはあの世への入り口とされた六道の辻もあり、幽霊にまつわる逸話も伝えられてきた。

五条大橋を渡って、さらに南東に10分ほど歩くと、秀吉ゆかりの方広寺と豊国神社が並んでいる。

まず、豊臣氏没落のきっかけの地となった方広寺へ向かおう。

秀吉はここに大仏を建立することを発願したが、造立半ばで大地震により大破。秀

豊臣家滅亡のもととなった方広寺の鐘。因縁の一説はひと目でわかるよう示されている　▶市バス「博物館三十三間堂前」下車徒歩約10分／東山区正面通大和大路東入ル茶屋町527-2

瑞泉寺。あまりに悲惨な秀次の処刑。哀れんだ角倉了以が供養塔を建てたのが寺の興りだ　▶京阪本線「三条」駅下車徒歩約３分／中京区木屋町通三条下ル石屋町114-1

吉の没後は子の秀頼が遺志を継ぎ、火災に見舞われながらも大仏と梵鐘（ぼんしょう）が完成した。しかし、この鐘が因縁を生む。鐘に刻まれた「国家安康」「君臣豊楽」の銘が、「家康の二字を分断しており、豊臣の繁栄を願っている」として、家康から難癖をつけられたのだ。ここから大坂冬・夏の陣へ発展し、秀頼は大仏開眼供養を前に、大坂城で母・淀君（よどぎみ）とともに敗れ去ったのだった。その後、大仏は鋳つぶされ、本堂なども落雷により焼失。皮肉なことに鐘は残ったが、いつしか野ざらしになった。

　豊臣の負の歴史を刻む方広寺の南側には、秀吉を祀る豊国神社が建つ。豊臣家の滅亡後、家康の命によって「豊国大明神」の神号がはく奪され、神社も廃絶となったが、明治時代に再興された。

慶長三年（一五九八）に死去した豊臣秀吉の遺体はしばらく伏見城に安置されたが、翌年、秀吉の遺言に従い阿弥陀ヶ峰の山頂に葬られた。その折、高野山の僧によって廟が建てられたのが豊国神社の起源とされる。

徳川の天下となると、神号を奪われた秀吉の霊には戒名（かいみょう）が付され、大仏殿の裏手に建てられた五輪石塔に移された。現在の豊国神社の宝物館の後方だ。なお、遺体そのものは阿弥陀ヶ峰山頂にそのまま残された。

秀吉の霊が浮かばれるのが、維新期のこと。明治天皇が、秀吉の朝鮮出兵を評価して豊国神社の再興を命じたのだ。明治八年（一八七五）には社殿が新たに建立されるなどして整備が進み、秀吉が眠る阿弥陀ヶ峰山頂には伊東忠太の設計による巨大な石造五輪塔が建てられた。さらに、豊太閤三百年祭も盛大に行われている。

増長した権力者の愚かさを語り継ぐ耳塚

このように、時代を経て権力の趨勢も評価も変わるものだが、秀吉はその典型例だろう。海外侵略を進めた秀吉は明治天皇に顕彰されたが、現在では晩年の秀次の処刑、

耳塚。戦闘の時代の実態と、権力者の暴走が引き起こす負の歴史を伝え続ける耳塚　▶市バス「博物館三十三間堂前」下車徒歩約５分／東山区大和大路通正面西入ル茶屋町

豊国神社。江戸前期の大地震の折、神社周辺が無事だったため地震除けの神とされたこともある　▶市バス「博物館三十三間堂前」下車徒歩約５分／東山区大和大路正面茶屋町

朝鮮出兵は真逆の評価を下されているのではないだろうか。

秀吉が明への侵略の足がかりとした朝鮮出兵にあたり、対外折衝を命じられた対馬の宗氏が明や朝鮮への対応に苦慮するなど、武将たちの葛藤も強かった。結局、敵味方に多大な犠牲を出した朝鮮出兵は秀吉の死をもってようやく幕を閉じた。

この間、武将たちは戦闘の証として、敵の耳や鼻をそぎ落として秀吉のもとへ送ったという。本来送るべき首では船の輸送が大変なので、かさばらない耳を選んだのだという。のちにこの耳や鼻を埋葬したのが、豊国神社前の丘に残る耳塚（みみづか）だ。かつては武功の証でもあった塚も、今では暴走した権力者の愚かさと、戦に憑かれた者の野蛮さを伝える負の遺産となっている。

罪人、敗者の通り道

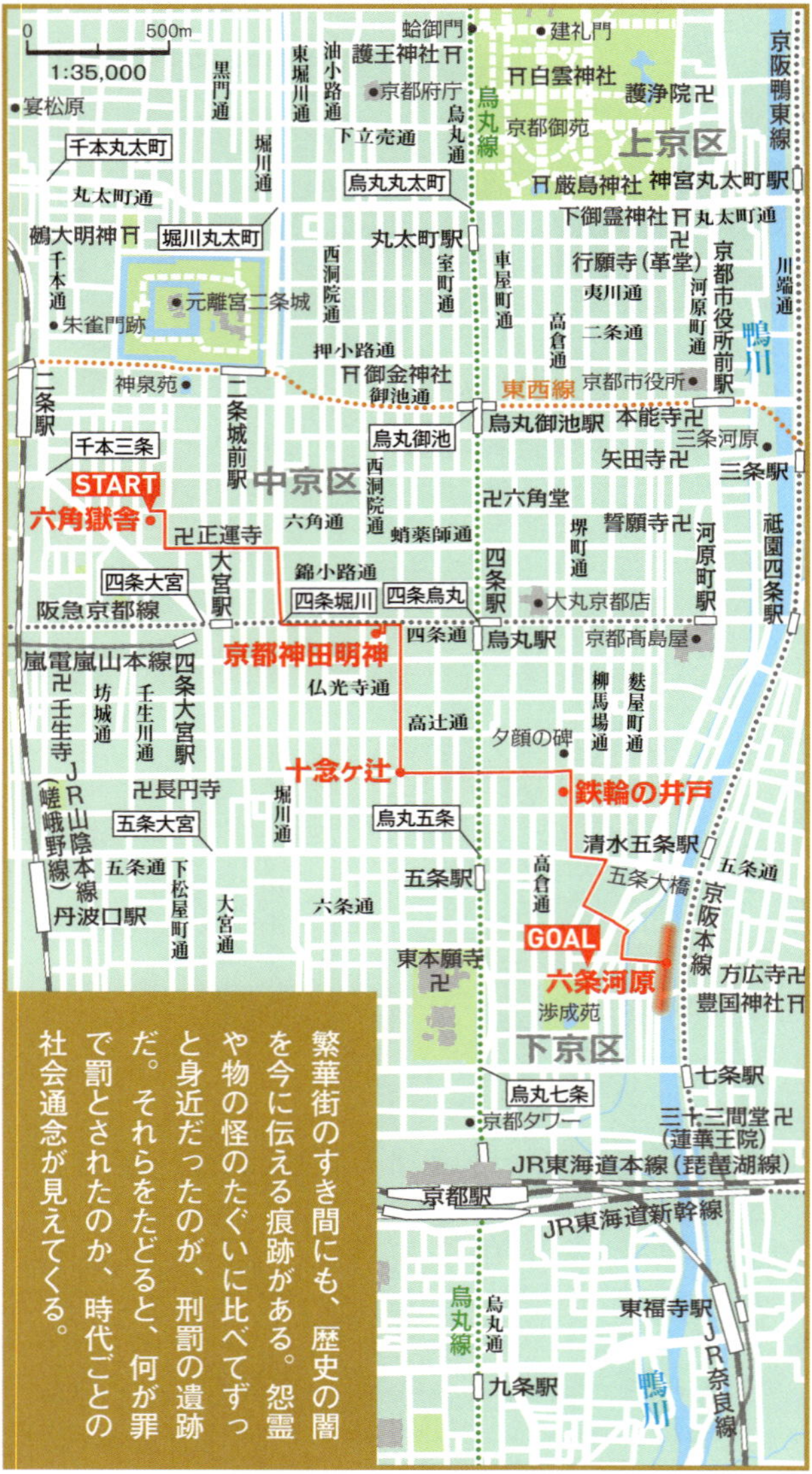

繁華街のすき間にも、歴史の闇を今に伝える痕跡がある。怨霊や物の怪のたぐいに比べてずっと身近だったのが、刑罰の遺跡だ。それらをたどると、何が罪で罰とされたのか、時代ごとの社会通念が見えてくる。

所要時間
約3時間（徒歩）

未決囚にもかかわらず無残に処刑された志士たち

江戸時代の京都では、罪人は平安時代の左獄（さごく）・右獄（うごく）を前身とする六角獄舎（ろっかくごくしゃ）に収容された。ここが歴史の舞台として浮上するのが、幕末、安政の大獄で大老・井伊直弼（いいなおすけ）から弾圧された過激尊王攘夷派の志士らが収容されてからのことである。

元治元年（一八六四）の市街戦「禁門の変」では、洛中の大部分を焼く火災が起き、火の手が六角獄舎にも迫ってきた。ここを管轄する京都町奉行は、火災の混乱に乗じて囚人たちが脱走することを恐れ、未決囚にもかかわらず、囚人三三人を急きょ斬首に処した。結局、獄舎は火災を免れ、彼らを慰霊する石碑がのちに建てられた。また、斬首のときに血で汚れた刀を洗った「首洗いの井戸」の跡も悲劇を伝えている。

平将門の怨霊の発祥地、空也上人が祠を建立

四条通まで下り、堀川通と烏丸通の中間の細い路地を入っていくと、左手に建つ町家の一階に小さな祠が建っている。「京都神田明神（きょうとかんだみょうじん）」だ。

平安中期、新皇を自称して関東で勢力を誇った平将門は朝廷の怒りを買い、謀反人

として討たれて京都で晒し首となった。その後、強大な怨念が各地を襲った。その怨念が最初に確認されたのは京都だった。

将門の晒し首は、三カ月ほど経っても腐らず、夜は怪しく発光していたという。そしてある晩、胴体を求めたのか東の空へ飛び立った。だが、胴体のある地点まであと少しのところで落下。一方、首があった場所の周辺では疫病など怪事が続いたので、高僧・空也が祠を建てて将門のために手厚く供養すると、凶事は収まったという。この祠が京都神田明神の始まりである。

罪人が市中を引き回され、念仏を授けられる別れの地

江戸時代、一二月二〇日は六角獄舎の四人の死刑執行日であり、命が尽きることから「果ての二十日」といった。囚人が洛中を引き回される際、浄国寺の住職が「十念仏」を授ける場所があり、「十念ヶ辻」と呼ばれた。新町通高辻を少し下ったあたり、民家や小さな店舗が並ぶ静かな通りだ。

引き回しのルートは一説によれば、「六角獄舎ー三条通ー油小路通ー一条戻橋ー一条室町ー三条室町ー三条新町ー松原新町」。松原新町が十念ヶ辻だ。ここで東西に分か

京都神田明神。細い路地に建つ京都神田明神。平将門の怨念の発祥地と知る人は意外に少ない　▶市バス「四条西洞院」下車徒歩約２分／下京区綾小路通西洞院東入ル新釜座町 726

六角獄舎。幕末の悲劇の舞台となった六角獄舎。新選組が池田屋で捕らえた志士も投獄されていた　▶市バス「みぶ操車場前」下車徒歩約３分／中京区神泉苑町通六角西入ル因幡町

れ、東へ行く場合は「寺町通－三条大橋－粟田口(あわたぐち)刑場」、西は「油小路通－三条通－千本通－地獄橋－紙屋川(かみやがわ)刑場」という道順になった。馬に乗せられて引き回された囚人は、十念ヶ辻では降ろしてもらい、念仏を授けられる。今度生まれ変わるときには真人間になるようにと、憐憫(れんびん)とともに引導を渡された。

愛に破れ、怨念にとり憑かれた女たちの歴史

烏丸通を越えて東へ進み、南北の堺町通に建つ民家の前に「夕顔之墳(ゆうがおのふん)」と刻まれた石碑が建っている。「夕顔」とは、『源氏物語』に登場する女性だ。

夕顔は頭中将(とうのちゅうじょう)の愛人で、子ももうけたが、本妻を恐れてこのあたりに隠れ住んでいたところ、光源氏が通うようになった。だが今度は、光源氏

鉄輪の井戸。かつてここには女性の遺品を葬った塚があったという。女性の悲しい歴史を伝える地だ　▶市バス「烏丸松原」下車徒歩約６分／下京区鍛冶屋町 251-1

十念ヶ辻。死刑囚が最後に憐れみを受けた「十念ヶ辻」。今はありふれた十字路である　▶市営地下鉄烏丸線「五条」駅下車徒歩約 10 分／下京区新町通松原

が居宅に連れ込んだときに、光源氏を愛する六条御息所（ろくじょうのみやすどころ）の生霊（いきりょう）に呪い殺されてしまう。恋に破れた悲劇の女性であり、家の垣根に咲いていた「夕顔」の儚く美しい名とともに、近隣で記憶されてきた。

一方、同じく愛の敗者だが、嫉妬の怨念を燃やした有名な女性もいた。その女性を祀るのが、堺町通西側の細い路地に建つ鉄輪（かなわ）社だ。横には女性が使ったとされる鉄輪の井戸があり、井戸水が縁切りに効果があるとされる。

女性の話を下敷きにした能の『鉄輪』によれば、夫の浮気が原因で離縁され、嫉妬と怒りから呪術の修行を始めたという。悪夢に苦しむようになった夫に相談を受けた安倍晴明が祈禱を行ったところ、鬼と化した女性が現

れ、夫が迎えた新しい妻を打ち据え、夫を連れ去ろうとしたが、果たせなかった。

女性が頭に鉄輪をかぶり行う「丑の刻参り」の原型としてもよく知られるこの話は、同様の習俗が江戸時代にかけてあったことも伝えている。江戸時代の地誌類からは、神社周辺が「金輪の町」と呼ばれていたこともわかる。昭和一〇年（一九三五）、整地した折に鉄輪が発見されたので、調査を経て神社を建立して鎮魂された。実に息の長い話だが、実際に似たような女性が少なくなかったことを示すとともに、彼女たちが「女の情念」という「物語」で消費されてきた歴史を伝えているのだろう。

「逆賊」とされた政治家や武士が無残に処刑された地

三条河原が処刑の場だったことはすでに述べたが、「六条河原」という地域も処刑地として知られていた。場所は現在の五条通（五条大橋）から正面通（正面橋）のあたりだ。とりわけ時の権力者に反抗した貴族や武士が数多く処刑されている。保元の乱における源為義（みなもとのためよし）・平忠正、平治の乱における源義平（みなもとのよしひら）・藤原信頼（ふじわらののぶより）、大坂の役における長宗我部盛親（ちょうそかべもりちか）ら豊臣方の残党などである。彼らを供養した「首斬地蔵」は今、近くの蓮光寺（れんこうじ）に残され、境内の墓地には六条河原で処刑された長宗我部盛親の墓もある。

魔界番外地〈洛中編〉

河原院跡

河原院跡。奥州・塩釜の風景を模した豪奢な庭園もあったという河原院。主亡き後は恐怖の館に……　▶京阪本線「清水五条」駅下車徒歩約3分／下京区木屋町通五条下ル

「光源氏」が住んだ屋敷も荒れ果て鬼の棲み家に

鴨川沿いに六条まで下ったあたりにあった左大臣・源融（みなもとのとおる）の邸宅は、彼の死後、宇多（うだ）法皇が住んだことから「河原院（かわらのいん）」と呼ばれた。融は『源氏物語』の光源氏のモデルといわれ、この邸宅は前述した夕顔の巻で「なにがしかの院」として登場する。『今昔物語集』によれば、宇多院が移住してから融の幽霊が出る噂が広まったので、人が寄り付かなくなったという。東国からきた夫婦が荒れ果てた河原院を訪れたところ、妻が何者かに閉じ込められ、夫が斧で戸を叩き壊して入ると、血を吸いつくされた無残な姿で果てていたそうだ。

PART 2

洛東を巡る

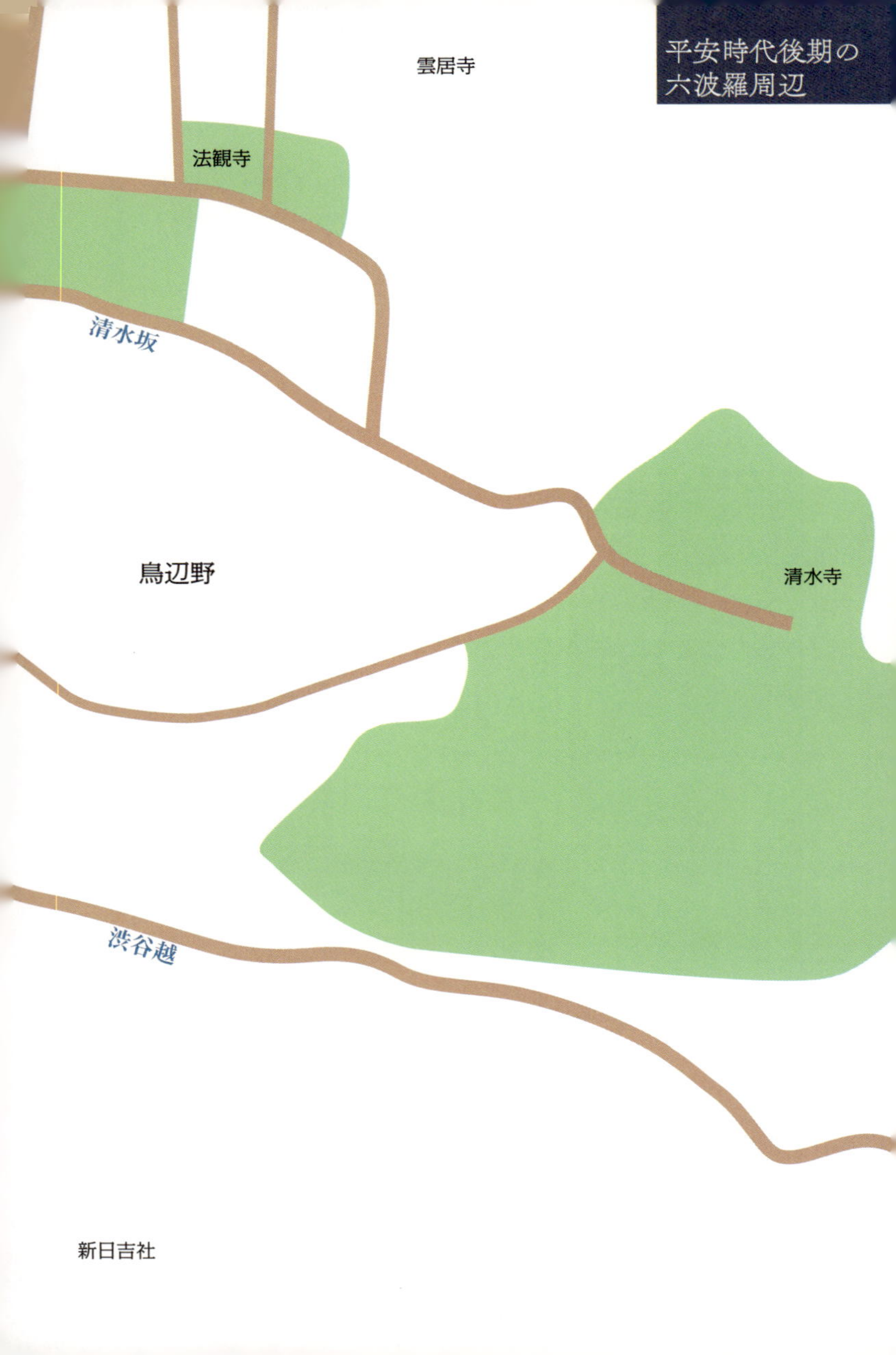
平安時代後期の
六波羅周辺
雲居寺
法観寺
清水坂
鳥辺野
清水寺
渋谷越
新日吉社

0
500m
1:50,000
京都霊山護国神社
坂本龍馬の墓
霊山観音
幕末維新ミュージアム
霊山歴史館
法観寺
(八坂の塔)
二年坂
金剛寺(八坂庚申堂)
日體寺
清水道
三年坂(産寧坂)
霊山興正寺別院
西光寺
来迎院経書堂
東山警察署
成就院
宝性院
五条坂
地主神社
茶わん坂
親鸞上人御荼毘所
清水寺
音羽の滝
本寿寺
実報寺
大谷本廟
東山区
泰産寺
鳥辺野
京都女子大
附属小学校
豊国廟
京都女子大学

0
500m
1:50,000
霊山観音卍
京都霊山護國神社
坂本龍馬の墓
幕末維新ミュージアム
霊山歴史館
卍法観寺
(八坂の塔)
二年坂
卍
金剛寺(八坂庚申堂)
清水道
卍日體寺
清水坂
三年坂(産寧坂)
卍霊山興正寺別院
卍西光寺
卍来迎院経書堂
東山警察署
卍宝性院
卍成就院
五条坂
茶わん坂
地主神社
親鸞上人御荼毘所
卍清水寺
卍実報寺
卍本寿寺
音羽の滝
大谷本廟
東山区
泰産寺卍
鳥辺野
京都女子大
附属小学校
京都女子大学
豊国廟

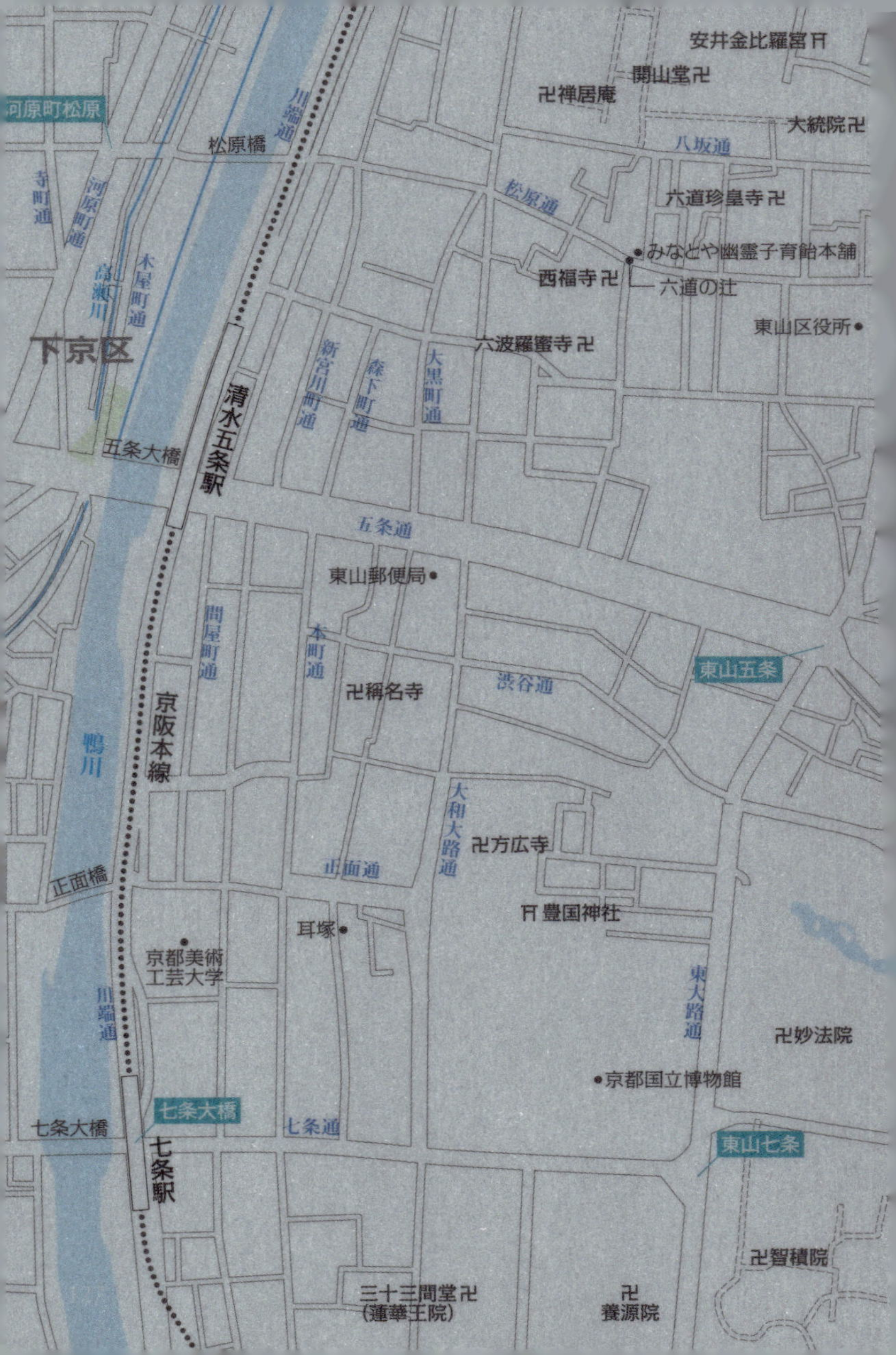
安井金比羅宮
開山堂
禅居庵
大統院
八坂通
松原通
六道珍皇寺
みなとや幽霊子育飴本舗
西福寺
六道の辻
東山区役所
六波羅蜜寺
河原町松原
寺町通
河原町通
高瀬川
木屋町通
松原橋
川端通
下京区
清水五条駅
五条大橋
新宮川町通
森下町通
大黒町通
五条通
東山郵便局
問屋町通
本町通
称名寺
渋谷通
東山五条
京阪本線
鴨川
大和大路通
方広寺
正面通
正面橋
豊国神社
耳塚
京都美術工芸大学
川端通
東大路通
妙法院
京都国立博物館
七条大橋
七条大橋
七条通
七条駅
東山七条
智積院
三十三間堂（蓮華王院）
養源院

安井金比羅宮
禅居庵
八坂通
六道珍皇寺
松原通
みなとや幽霊子育飴本舗
六道の辻
西福寺
東山区役所
六波羅蜜寺
大黒町通
宮川筋
川端通
松原橋
河原町通
木屋町通
高瀬川
寺町通
河原町松原
下京区
清水五条駅
五条大橋
七条通
東山郵便局
本町通
京阪本線
東山五条
渋谷通
法住寺
鴨川
大和大路通
方広寺
正面通
正面橋
豊国神社
耳塚
京都美術工芸大学
東大路通
妙法院
京都国立博物館
七条大橋
七条駅
東山七条
智積院
養源院
三十三間堂（蓮華王院）

東京極大路
佐々木氏綱
五条大路
惣門
樋口小路
平清盛
泉殿
愛宕寺
珍皇
六波羅蜜寺
常光院
池殿
平頼盛
六条坊門小路
平通盛
六波羅
平教盛
楊梅小路
南門
六条大路
鴨川
法住寺西大路
平重盛
小松殿
左女牛小路
七条坊門小路末
七条坊門小路
北小路末
北小路
法住寺北殿
下御所
上御所
新御所
七条大路末
七条大路
蓮華王院
塩小路末
塩小路

魔界コース6

六道の辻で無常を感じる

あの世とこの世が交差する六道の辻は、古くから死者を弔ってきた五条河原と鳥辺野を結ぶ松原通の半ばにある。死や病の苦しみと、救済を求める観音や地蔵への信仰の歴史が刻まれた無常観漂う場所を歩く。

所要時間

約4時間（徒歩）

五条橋の晴明塚と長棟堂

京都の東を洛東（らくとう）と呼ぶ。かつての平安京の東端には東京極大路（ひがしきょうごくおおじ）があり、これは現在の寺町通の位置にあったので、寺町通以東を洛東と呼ぶことができる。また、寺町通のすぐ東を北から南に流れる鴨川は、平安京の四方を守護する四神のうち東を守護する青龍（せいりゅう）とみなされていたことから、鴨川以東を洛東と呼ぶこともある。また、時代が下るにつれ京都の市街は東へ発展していったので、現在の京都市街の東を南北に走る東大路通より東を洛東とイメージすることもある。

このように洛東といっても明確な範囲が定まっているわけではないが、ここでは平安京を意識して、寺町通以東を洛東として扱うことにしよう。

平安京の東西を貫く道路は、北から順に一条大路から九条大路まであった。京都の商業地の中心街を東西に貫く四条道の東端には八坂（やさか）神社（祇園社（ぎおんしゃ））があり、四条通より南の（旧）五条通の東端には清水寺（きよみずでら）がある。現在の五条通は、豊臣秀吉（とよとみひでよし）が南へ三〇〇メートルほど移動させたもので、もとの五条通は四条通と五条通の間にある松原通であった。清水観音（きよみずかんのん）への参詣道は、松原通（旧五条通）を松原橋（旧五条橋）から東へ向かい、東大路（東山通）を経て清水坂を上っていたのだ。

この松原通は、参詣道であるとともに死者を弔うための野辺送りの道でもあった。清水寺の南の一帯は平安京や周辺に暮らす人たちの埋葬地で、『徒然草』に「鳥部山のけぶりたちさらで」と書かれたほど、毎日のように野辺送りが通った道であった。

鴨川の五条河原には、かつて中洲があって、鴨川の東西両岸から中洲へ二本の橋が架けられていた。京都市平安京創生館の平安京復元模型（23ページ）を見ればわかるが、かつての鴨川は幾筋もの流れが蛇が絡み合うにして流れていて、広い河原があった。東の守護神である青龍とされた鴨川だが、白河法皇が「天下三不如意」の一つとして嘆いたように、氾濫を繰り返して水害をもたらし、疫病を蔓延させて京都の住人たちを苦しめてきた。

九世紀前半から半ばの歴史を記した『続日本後紀』には、河原に打ち捨てられたおびただしい数の髑髏を焼き、埋葬したという記述があることから、参詣道、野辺送りの道の起点であった河原も古くは埋葬地という性格を持っていたことがわかる。

この五条河原には、陰陽師安倍晴明の伝説が色濃く残っている。中洲には、晴明が建立したと伝わる法城寺があった。晴明が氾濫を繰り返す鴨川の治水を願って、「水が去って、土と成る」という意味の名を付けた寺院を建立したという。この法城寺には晴明の死後、遺体を埋葬した晴明塚が築かれたという。法城寺はその後、何度も洪水に襲われて廃寺となったが、晴明塚は橋の東詰に移され、晴明を神格化した民間陰陽師たちの心の拠り所となった。晴明塚や晴明の治水伝説は全国各地にあるが、その源は、五条河原にあったのだ。江戸時代になると五条橋の東岸にあった清円寺が晴明塚を管理するようになった。清円寺にあった安倍晴明坐像は現存しており、和泉式部ゆかりの誓願寺の塔頭である長仙院（六角通河原町西入ル）に伝わっている。

この清円寺には、晴明塚だけではなく、ハンセン病者たちが暮らした長棟堂という施設もあった。長棟堂は悲田院に属した救済施設であったが、悲田院とは奈良時代の光明皇后が仏教慈悲の実践のために創設して、後世まで受け継がれてきた社会的弱者の救済機関だった。光明皇后には、ハンセン病患者の膿を吸い出して癒やしたという話が残っている。松原通は古来清水寺への参詣道であり、清水の子安観音は光明皇后の安産祈願を機に建立されたことを考えれば、参詣道への入り口である五条河原に病苦に苦しむ人たちの救済施設があった理由がうかがえるのである。

また、五条橋には刀狩りをしていた弁慶と牛若丸（源義経）が出会って、戦い、

六波羅蜜寺。六道の辻の南は「市の聖」空也上人が念仏を唱えた地で、一時は平氏政権の本拠でもあった　▶市バス「清水道」下車徒歩約10分／東山区五条通大和大路上ル東

敗れた弁慶が義経に臣従したという伝説もある。この話のもとの舞台は、義経の母の常盤御前が熱心に信仰していた清水寺であった。しかし、義経の父 源 義朝が敗れた戦場であり、死へ追い込んだ平 清盛の本拠地でもあった六波羅にほど近い五条橋での話として知られるようになった。比叡山の荒法師、また熊野別当の子だったが鬼若と呼ばれて熊野を去ったとも語られる弁慶が、鞍馬山の天狗のもとで修行した義経に臣従するという話は、平安京の東の境界、また仇敵平清盛の本拠のすぐ側、さらに母常盤の観音信仰とも結びつく場所である五条橋を舞台にして、いっそう物語性を豊かにしていったのだ。

六道の辻と閻魔の使者・小野篁

松原橋を渡り、松原通を東へ行き、大和大路通を越えていくと、右手に西福寺がある。ここを右へ曲がって南へ行けば六波羅蜜寺がある。この辻には、「六道之辻」の

六道の辻。河原と清水寺、鳥辺野を結び生者と死者が行き交った、松原通から六波羅への入り口　▶市バス「清水道」下車徒歩約3分／東山区松原通大和大路東入ル

愛宕念仏寺元地。六道の辻にあった念仏寺は廃寺となり、今は嵯峨野の愛宕山参詣道の入り口に移転した　▼市バス「清水道」下車徒歩約6分／東山区松原通大和大路東入ル北側

石碑があり、また松原通を東へ少し歩いた六道珍皇寺（ろくどうちんのうじ）の門前にも六道の辻の石碑がある。衆生（しゅじょう）は天道（てんどう）、人間道（にんげんどう）、修羅道（しゅらどう）、畜生道（ちくしょうどう）、餓鬼道（がきどう）、地獄道（じごくどう）の六道を輪廻転生（りんねてんしょう）するといわれるが、この六道が交差する辻が六波羅にあるのには理由がある。このあたりが鴨川の水害を被る河原にあって、「無常所（むじょうしょ）」といわれた埋葬地の鳥辺野の入り口だったからであり、また、六道輪廻からの救済をもたらすという観音信仰や地蔵信仰が強い地でもあったからだ。

　松原通の南、六波羅蜜寺には「南無阿弥陀仏」と念仏を唱え、口から六体の阿弥陀仏が現れる姿の空也上人像（くうやしょうにんぞう）がある。空也は六波羅蜜寺と改称する前の西光寺（さいこうじ）の開基であり、河原の疫病者の救済や埋葬された死者の弔い

みなとや幽霊子育飴本舗。貧しさで亡くなった母は、残した赤子への未練が断ち切れず、幽霊となって飴を与えた
▶市バス「清水道」下車徒歩約５分／東山区松原通大和大路東入ル２丁目轆轤町 80-1

を行った。病苦、そして死と死後の世界への恐れ、さらに信仰による救済が六波羅を「六道の辻」にしたのだ。

六波羅には平安時代の末には平清盛の六波羅殿（ろくはらどの）が建設され、周辺には平氏の屋敷が建ち並んだ。四条から南で鴨川の河原は広くなるが、東岸では五条松原の南の六波羅一帯が西の鴨川に向かって迫り出すように整備、開発が進んでいたことがわかっている。この地は平治の乱では戦場となり、平氏滅亡以降は鎌倉幕府の六波羅探題（ろくはらたんだい）が置かれ、兵（つわもの）たちの拠点となった。『平家物語』に描かれるように、戦乱や栄華盛衰の歴史が六道の辻をいっそう無常を感じさせる場所にしていった。『平家物語』を題材にした謡曲の『熊野（ゆや）』には、「愛宕（おたぎ）の寺も打過ぎぬ、六道の辻とかや、実におそろしや此道は、冥途（めいど）に通ふなる物を」と描かれた。

ここで出てくる愛宕の寺は、愛宕念仏寺（おたぎねんぶつじ）のことだ。六道の辻の北西には「愛宕念仏

六道珍皇寺。閻魔王像と小野篁像を合祀するこの寺では、盂蘭盆には死者の精霊を迎える鐘が鳴り響く　▶市バス「清水道」下車徒歩約３分／東山区大和大路通四条下ル４丁目小松町595

寺元地」の碑がある。空也の教えを受けて念仏上人と呼ばれた千観（せんかん）が、鴨川の洪水の被害などで荒れはてていた愛宕寺（おたぎじ）を再興し、愛宕念仏寺とした。しかし、時が過ぎ、大正時代にはまたすっかり荒れ寺となっており、愛宕念仏寺は、嵯峨野（さがの）の愛宕山（あたごやま）参道の入り口へ移転して復興した。現在の愛宕念仏寺は千二百羅漢像（せんにひゃくらかんぞう）が並び、嵯峨野巡りには欠かせない見所となっている。鳥辺野という埋葬地の側にあった愛宕念仏寺が、同じく埋葬地で「無常の野」を意味する化野（あだしの）へと移ったのだ。また、清水寺の入り口から、寺名と同じ愛宕山の入り口へ移ったこともおもしろい。

愛宕念仏寺の跡地では、幽霊子育飴が売られている。貧しい妊婦が亡くなって埋葬された。土のなかで生まれて泣く赤子を育てるため、死んだ母は幽霊となって夜になると飴を買いにきたという由来を持つ。六道の辻がこの世とあの世の出入り口だったことと、清水の子安観音の功徳とを感じさせる話だ。

念仏寺の東には六道珍皇寺があり、門前にも六道の辻の碑が建つ。珍皇寺には、昼は能吏として朝廷に仕えて参議にまで昇り、夜は冥官として閻魔大王に仕えたとして有名な小野篁の「冥途通いの井戸」「よみ（黄泉）がえりの井戸」という冥府への出入り口や小野篁像、閻魔王像が並んで祀られる。

六道珍皇寺の「冥途通いの井戸」はあの世とこの世の通い路の出入り口で、篁は夜毎ここから閻魔大王の下へ通った

ここでは八月の盂蘭盆に六道まいりが行われ、冥土から還ってくる「お精霊さん」を迎えるための迎え鐘があり、この鐘を撞くために期間中は大勢の人が詣でている。お盆の終わりにはこの迎え鐘で還ってきたお精霊さんが再び冥土に戻るために、寺町三条にある矢田寺では送り鐘が撞かれる。

矢田寺の送り鐘。地獄の亡者たちの身代わりとなった地蔵菩薩の慈悲とともに、精霊たちはあの世へ帰る　▶市バス「河原町三条」下車徒歩約３分／中京区寺町通三条上ル

この由来は、大和郡山の矢田寺や京都の矢田寺に伝わる「矢田地蔵縁起」に描かれている。矢田寺の満米上人が篁の紹介によって閻魔大王に案内されて、地獄を訪れた。地獄では亡者たちが恐ろしい鬼たちの責め苦に苛まれていたが、亡者たちを救済するために地蔵菩薩が身代わりとなっていた。亡者を救済する代受苦菩薩の尊い姿に感銘を受けた満米上人は、この世へ戻って地蔵菩薩信仰を広めたというものだ。

地蔵が六体並ぶ六地蔵で知られるように、地蔵は地獄をはじめ六道輪廻の苦しみからの救済を行う。また、地蔵は道祖神信仰と結び付き、墓場の入り口や町や村の結界を魔から護る存在でもある。篁の冥土通い伝説が、六道の辻というあの世とこの世の境界と、六道のなかでも最も怖ろしい地獄ですら救済をもたらす矢田地蔵信仰を結んだ。それが死者の霊が訪れるという盂蘭盆の迎え鐘と送り鐘となったのは興味深い。

魔界コース7

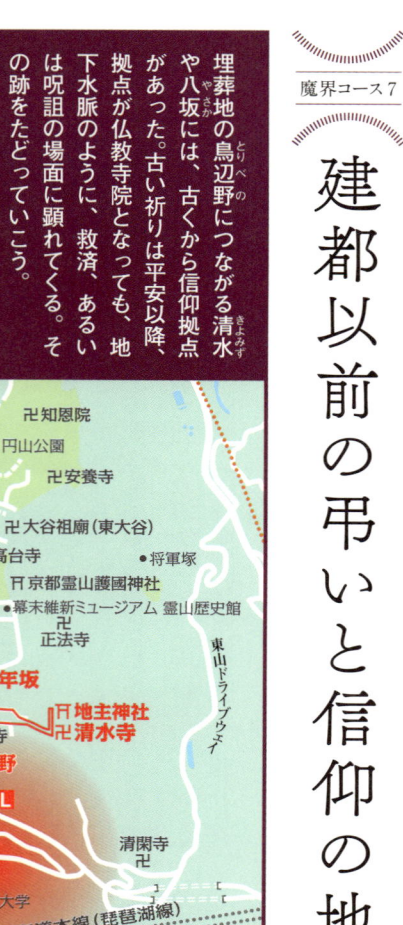

建都以前の弔いと信仰の地へ

埋葬地の鳥辺野（とりべの）につながる清水（きよみず）や八坂（やさか）には、古くから信仰拠点があった。古い祈りは平安以降、拠点が仏教寺院となっても、地下水脈のように、救済、あるいは呪詛の場面に顕れてくる。その跡をたどっていこう。

所要時間

約4時間（徒歩）

八坂の塔と庚申堂の鎮魂伝説

八坂神社から東大路通を南へ行くと、八坂通があり、東へ入って三年坂に向かって歩くと高さ四六メートルを誇る八坂の五重塔がある。平安京の建設以前からあった、東山の風景には欠かすことができないランドマークである。

この塔は、かつて大伽藍を誇っていた法観寺の一部であった。高句麗から渡来して山背国愛宕郡に住み着き、地名に名を残す八坂氏が創建したが、また聖徳太子が如意輪観音のお告げを受けて開基となったという伝承も持っている。

法観寺には、木曾義仲の首塚がある。源頼朝・義経と従兄弟であった義仲は、寿永二年（一一八三）、一〇万ともいわれる平氏の大軍を倶利伽羅峠で破って入京した。後白河法皇から平氏討伐の院宣を受け、旭将軍と呼ばれたが、後白河法皇と対立して、翌年には頼朝に義仲討伐の命が下され、宇治川の戦いで義経軍に敗れた。直後に討ち死にした義仲の首は鴨川の河原で晒されたが、家来が秘かに首を法観寺に運び、供養したという。入京からわずか半年も経たずに賊軍として討たれた義仲は、何度か再建されてはいるものの平安京の歴史より古い五重塔のもとで慰霊されたのだ。のち

八坂の塔。平安建都以前から東山に聳え立ち、この地の歴史を見守ってきたシンボルタワーである　▶市バス「東山安井」下車徒歩約３分／東山区清水八坂上町 388

の時代、入京した武将は八坂の塔に戦旗を掲げたといわれる。征東大将軍となってわずか五日後に敗死した義仲は、どんな思いで兵どもの夢を眺めたのだろうか。

八坂の塔のすぐ西に、浄蔵が創建した金剛寺がある。渡来系の秦氏がもたらした青面金剛童子を本尊として、道教由来の庚申信仰を広めた八坂庚申堂として知られる。干支の「庚」「申」の日に、三尸という虫が身体から抜け出て、宿主の罪悪を天帝に告げて寿命を縮めるといわれる。青面金剛は三尸を封じる力があり、供に三猿像（見ざる、言わざる、聞かざる）が配されることが多く、八坂庚申堂の門にも三猿像が置かれている。また、八坂庚申堂は「くくり猿」といわれる手足を縛った猿を模った願かけでも知られている。くくり猿は、欲望を抑えることで願いを叶える喩えだが、カラフルで丸い姿が飾りにも使われ、語呂から「猿結び（えん）」のお守りにもなるようだ。くくり猿に彩られた境内は東山観光の人気スポットだ。

天暦二年（九四八）、八坂の塔が内裏（だいり）に向かって傾くという凶兆があった。古くから京の地のシンボルであった塔が天皇に向かって傾くという不吉な事件に、朝廷は揺れた。これに加持祈禱（かじきとう）の第一人者であった金剛寺の浄蔵が乗り出し、夜になって塔に向かい、「元に還れ」と念じた。祈禱の効果はてきめんで、翌朝になると、八坂の塔の先端にある宝珠（ほうじゅ）はまっすぐに天を指し、元の姿に戻ったという話がある。

この事件があった前年には、朝廷の命で北野（きたの）に菅原道真（すがわらのみちざね）を祀る社殿が建てられている。大宰府（だざいふ）に左遷されて失意のなか没し、怨霊となってさまざまな天変地異を起こし、ついには内裏の清涼殿（せいりょうでん）に雷を落とした道真を神として祀り上げるためであった。道真失脚を裏で糸を引いた政敵藤原時平（ふじわらのときひら）も道真の祟りで病に臥（ふ）せったが、そのときに祈禱を行ったのが浄蔵だった。『北野天神縁起絵巻（きたのてんじんえんぎえまき）』では、浄蔵を威嚇するように時平の両の耳から青龍（せいりゅう）が這（は）い出る様子が描かれている。青龍を見た浄蔵は祈禱をあきらめ、ほどなく時平は病没した。浄蔵の父、三善清行（みよしきよゆき）は時平と対立した道真に引退を勧告した人物であり、親子二代にわたって道真との因縁があった。

　仮に道真の怨霊が八坂の塔を傾けたとすれば、浄蔵が道真に北野に社殿ができたことを丁重に告げて、慰霊の意を伝えたことが功を奏したと想像することもできよう。

京都を一望できる霊山山麓

　八坂通を八坂庚申堂、八坂の塔を経て東へ歩くと二年坂に出る。高台寺方面に少し進むと右手に最澄が開き、法然が念仏道場とした正法寺への参道がある。かつて霊山寺と呼ばれた古刹の石段を登ると、八坂の塔越しに京都の全景を眺めることができる絶景スポットがある。

　二年坂をそのまま北へ行くと、右手には明治天皇の命を受けて創建された京都霊山護國神社の墓所に至る維新の道がある。霊山の山麓には高杉晋作、木戸孝允、坂本龍馬、中岡慎太郎など維新の志士や日清・日露、太平洋戦争の戦死者の墓が並び、祀られている。ここからも京都を一望することができる。王朝の都というイメージがある京都だが、平安時代の保元・平治の乱以降、応仁の乱、本能寺の変、禁門の変、戊辰戦争など何度も戦火で荒廃し、亡くなっていった人たちの無念が蓄積してきた都

三年坂。妊婦の安産祈願と死者の弔いのための石畳の坂は、経書堂で清水坂へと合流する　▶市バス「清水道」下車徒歩約５分／東山区清水２丁目

市でもある。怨霊を祀り御霊としてきたように、東山の山麓で維新から昭和までの戦死者の無念を悼(いた)んで祀り、英霊としている。

産寧坂と三年坂の両義と子安観音

二年坂へ戻って、産寧坂(さんねいざか)へ向かおう。産寧坂は三年坂(さんねんざか)と表記されることもあり、三年坂の手前にある坂は二年坂と呼ばれるようになった。産寧坂は、安産祈願のため清水の子安観音へ向かう参詣道であったことから名付けられた。一方の三年坂には、ここで転べば三年のうちに死ぬという言い伝えがある。

産寧坂と三年坂――坂にまったく意味が違う表記があるのは、この坂が清水への参詣道であるとともに、埋葬地の鳥辺野への死者を送る道でもあったからだ。この坂と古くからの参詣道である清水坂が合流する角に、来迎院(らいごういん)という清水寺の塔頭があり、経書堂と呼ばれる。ここでは死者に手向ける卒塔婆や石に経を書いた。

清水坂を上ると清水寺の仁王門に着く。現在、子安塔は清水の舞台の南にある音羽の滝のさらに南にあるが、もとは仁王門の向かって右手前にあった。子安塔は清水寺創建より古く、藤原氏の始祖である鎌足の孫娘の光明皇后が建立した三重の塔である。光明皇后は妊娠中に観音が現れ、無事孝謙天皇を出産できたことに感謝し、神託によってこの地に観音を安置した子安塔を建てたのだ。

出産は生の出来事であるが、死産や母の死という不幸の可能性をともなう。期待と恐れが隣り合う出来事に際しての祈りが、子安観音には向けられてきたのだ。

音羽の滝の観音霊場清水寺

清水寺の創建は平安建都より古い宝亀九年（七七八）、大和の興福寺の僧賢心が夢のお告げを受けて東山の音羽の滝で観音の化身と出会い、授けられた霊木で千手観音を彫ったことに始まる。その二年後に坂上田村麻呂が病身の妻に与えるため鹿の生き血を求めて音羽山に入り、延鎮と名を改めた賢心に殺生を戒められて観音に帰依し、屋敷を寄進して本堂とした。その後、蝦夷平定へ向かった田村麻呂は、観音の従者の

清水寺。観音信仰の聖地にある舞台からは、京都の町、音羽の滝と鳥辺野も見渡すことができる　▶市バス「五条坂」「清水道」下車徒歩約 10 分／東山区清水1丁目 294

毘沙門天(びしゃもんてん)と地蔵菩薩の加勢を受けて戦勝した。帰京後に征夷大将軍となり、本堂の改修や毘沙門天と地蔵菩薩の仏像を備えるために尽力したという。

子安塔が藤原鎌足の孫の光明皇后によって建立され、清水寺は藤原氏の氏寺である興福寺の僧が開山したように、清水と藤原氏との関わりは強く、桓武(かんむ)天皇と藤原氏出身の皇后との間にできた嵯峨(さが)天皇の勅許(ちょっきょ)を受けて、観音霊場は発展した。

縁結びの地主神社と丑の刻参り

清水寺の舞台がある本堂の北に地主(じしゅ)神社がある。八坂清水一帯の土地の守

地主神社。縁結びの神が鎮座する境内には、丑の刻参りで釘が打ち付けられた呪いの杉がある　▶市バス「五条坂」「清水道」下車徒歩約10分／東山区清水1丁目317

護神であり、嵯峨天皇が花宴を催したように古くからの桜の名所であった。ここに恋占いの一対の石があり、目を閉じて約一〇メートルほど離れた石から石までたどり着けば恋愛が成就するという。どんな願いも一度叶えるというおかげ明神の後方には、「のろい杉」という神木があり、「丑の刻参り」で釘を打ち込んだ跡が幾つも残る。

恋愛成就の縁結びの神と呪詛を行う神木――愛憎双方の願いを叶える神が共存しているのだ。清水寺の観音信仰は、音羽の滝の霊験と結びついている。丑の刻参りは、嫉妬深い鬼女の形をとる水神信仰にまつわる橋姫伝説にも出てくるが、清水の地の水神信仰が丑の刻参りにつながったのだろう。説教節『信徳丸』には、継母から丑の刻参りで呪詛を受けてハンセン病を患い、盲目となる主人公が出てくる。苦難を余儀な

鳥辺野の墓所。かつて鳥辺野は広大で、今は北部の一辺に親鸞の御茶毘所や大谷本廟の墓が並んでいる　▶市バス「五条坂」／東山区五条橋東

くされた信徳丸だが、その後、観音の利生を得て救済された。

阿弥陀ヶ峰西麓の広大な鳥辺野

清水寺から五条坂に至る茶わん坂（清水新道）を下ると、左手に親鸞が火葬された御茶毘所があり、墓が建ち並ぶ大谷本廟に出る。おびただしい数の墓があるが、ここは古くから埋葬地であった鳥辺野の北方の一部で、古くは今熊野あたりまで、阿弥陀ヶ峰（鳥辺山）の西麓一帯に埋葬地が広がっていた。風葬、土葬から火葬に変わっていったが、死者の地に隣接して清水寺などの信仰の拠点ができていったのだ。

魔界コース8

祭りと祀り——祇園から東山をたどる

祇園祭(ぎおんまつり)、白朮祭(おけらまつり)、櫛祭(くしまつり)、通し矢(とおしや)などが行われる祇園から東山エリアは、歴史的事件に関わる祈りや祀りのエピソードが何層も重なっている場所が多い。土地に染み込んだ思いを感じながら歩いてみたい。

所要時間
約4時間(徒歩)

知恩院の忘れ傘。濡髪狐の伝説にちなむ軒下の傘。彫刻の名人左甚五郎が魔除けに置いたともいわれている

知恩院。法然が晩年を過ごした地に建立された。徳川家の援助を受けて伽藍が整った

▶市バス「知恩院前」下車徒歩約５分／東山区林下町 400

知恩院の濡れ髪狐と忘れ傘

知恩院（ちおんいん）は日本最大の三門（さんもん）を擁する浄土宗の総本山だ。二階二重の豪壮な三門の楼上（ろうじょう）には宝冠釈迦牟尼（ほうかんしゃかむに）仏像、十六羅漢（じゅうろくらかん）像、白木（しらき）の棺（ひつぎ）が安置されている。棺には造営奉行（ぞうえいぶぎょう）の五味金右衛門（ごみきんえもん）と妻の木像が納められている。予算超過で自刃（じじん）した五味を弔うため、自作木像を安置したのだ。

知恩院は、京都で凶事が起こると鳴動するという、将軍塚（しょうぐんづか）の北西の山麓に伽藍（がらん）が広がっている。境内を東へと石段を登っていくと、最も古い信仰の場所である法然（ほうねん）の草庵だった地に建つ勢至堂（せいしどう）がある。この北には徳川二代将軍秀忠（ひでただ）の娘で、豊臣秀頼に嫁ぎ、大坂落城で助け出された千姫の墓があり、この北に濡髪祠が建つ。

江戸時代、雄譽霊巌上人が知恩院の門跡となり御影堂を再建した際、枕元に濡れ姿ですすり泣く童子が現れた。この童子は、御影堂が建設されたため住処をなくした白狐だった。そんな白狐を不憫に思った上人が、新たな住処として建てたのが濡髪大明神である。そして、白狐はお礼としていつまでも火災から知恩院を守ることを約束し、その証として軒裏に傘を置いて行った。それが現在も御影堂の軒裏に残る「忘れ傘」である。濡れ髪という水気を帯びた名から火難除けの神とされるが、その艶っぽい名前から、祇園町の女性たちの信仰も集め、今日では縁結びの神としても親しまれている。

知恩院には、白木の棺、忘れ傘以外にも、鶯張りの廊下、抜け雀、三方正面真向きの猫、大杓子、瓜生石という七不思議が伝わっている。

祇園社の牛頭天王信仰と祭礼

祇園さんと呼ばれる八坂神社の七月の祇園祭、元日の白朮祭は、京都に欠かせない祭りとなっている。祇園祭の起源は、貞観一一年（八六九）の御霊会にあるとい

八坂神社。牛頭天王を勧請し、祇園祭は京都の町衆の信仰を集めた。寺領は鴨川の河原に及んだ　▶京阪本線「祇園四条」駅下車徒歩約５分／東山区祇園町北側 625

う。御霊会は高温多湿で水害が多かった京都に蔓延した疫病を防ぐための儀式である。同年には、疫病流行に加え、七月に三陸沖の大地震による津波被害があった。その五年前に富士山（ふじさん）と阿蘇山（あそさん）の噴火があり、御霊会の前年には、近畿で大地震があるなど天変地異が相次いだ。こうした疫病や天変地異は、早良（さわら）親王らの祟りによるものだと考えられ、御霊を神として祀ることで祟りを鎮める儀式が行われた。

　宮中庭園の神泉苑（しんせんえん）で行われていた御霊会が祇園社の祭礼となっていったのは、祇園社の祭神が牛頭天王（ごずてんのう）であったことによる。御霊会は、仏教、神道、陰陽道や修験道も習合した儀式だが、貞観一一年には牛頭天王を祀った。牛頭天王は、強力な疫病をもたらす神であったが、祀ることで防疫神としたのだ。

八坂神社は、はじめ興福寺(こうふくじ)、ついで延暦寺(えんりゃくじ)の末寺となった感応院(かんのういん)という寺院であったが、牛頭天王を習合して信仰を集め、朝廷の支持も得た。

夏越(なごし)の祓(はらえ)とも結びついた祇園祭は、神輿渡御(みこしとぎょ)に山鉾(やまぼこ)が伴うようになり、京都の町衆が競って趣向を凝らした山鉾をこしらえて現在の祭りの形の原形ができていった。牛頭天王信仰は安倍晴明(あべのせいめい)に仮託された『簠簋内伝(ほきないでん)』という書の影響で、方角の神の天道(てんどう)神(じん)とも習合されていった。

元日の朝に行われる白朮祭では、本殿で神事に用いた火を、おけらを混ぜた鉋屑(かんなくず)(削掛(けずりかけ))に点火して厄気邪気を祓う。本殿の石畳にまかれた削掛の火は参拝者が火縄に移し、廻しながら持ち帰って、新年の灯明や雑煮を炊く竈(かまど)の火にした。火縄の燃えカスは火除けのお守りとする。かつて、大晦日の夜、境内の灯りを消して、暗闇になった瞬間に悪口を言い合う悪口祭(あっこうまつり)を行い、それから一二カ月分の一二本の削掛に一斉に火を点したという。

安井金比羅宮。崇神上皇の寵妃、阿波内侍邸の跡地に建つ。縁切り縁結びを願う形代で覆われた碑　▶市バス「東山安井」下車徒歩約３分／東山区東大路松原上ル下弁天町 70

崇徳院を祀る縁切り神社の金比羅宮

六波羅の北に縁切り神社として有名な安井金比羅宮がある。明治以前は安井観勝寺という門跡寺であり、もとは藤原鎌足創建の藤寺とされ、祭神の崇徳天皇が、寵妃の阿波内侍を住まわせて通ったという。やがて崇徳上皇は保元の乱で敗れ、讃岐流刑となったが、自筆の尊影を阿波内侍に下賜し、阿波内侍は観勝寺の観音堂に尊影を祀り、上皇を偲んだ。

崇徳上皇は讃岐で金刀比羅宮に参籠し、憤死したのち白峯陵に祀られた。その後、応仁の乱などにより寺は荒廃したが、江戸時代中頃に再興され、その時、崇徳上皇に加え大物主神（おおものぬしのかみ）と源頼政（みなもとのよりまさ）が合祀され、安井の金比羅といわれるようになった。縁切り神社となったのは、讃岐で参籠中、崇徳上皇が一切の人間的な欲望と縁を切ったことにちなむ。戦死者の供養にと精魂こめて五部大乗経（ごぶだいじょうきょう）を写して朝廷に奉納したが、呪詛の疑いありと送り返され、「この経を魔道に回向（えこう）す」と憤怒し、爪や髪を伸び放題にして夜叉（やしゃ）のような姿になり、生きながら天狗になったという。鵺（ぬえ）退治で知られている源頼政の合祀は、蓮華光院（れんげこういん）の初代住職が頼政とともに宇治川の戦いで敗死した以仁王（もちひとおう）の遺児であったからだという。

安井金比羅宮の北へ一〇〇メートルほどいった花見小路にある祇園甲部歌舞練場（こうぶかぶれんじょう）の裏には、崇徳天皇御廟がある。阿波内侍が請い受けた遺髪を埋めた塚であるという。

安井金比羅宮では九月に女の時代祭りといわれる櫛祭（くしまつり）が開催され、古墳時代から現代までの各時代の髪型と衣装を纏（まと）った女性が祇園を練り歩く。

法住寺殿跡の三十三間堂と養源院

六波羅を南へ下っていくと方広寺（ほうこうじ）、豊国（とよくに）神社、京都国立博物館があり、その南に三十三間堂（さんじゅうさんげんどう）がある。平安時代末、このあたり一帯にあった後白河（ごしらかわ）法皇の院（いん）の御所（ごしょ）・

三十三間堂。源平争乱の時代に後白河法皇の離宮内寺院の仏堂であった。千体並ぶ観音立像は壮観　▶市バス「博物館三十三間堂前」下車すぐ／東山区三十三間堂廻り町657

法住寺殿内に平清盛の財力によって築かれた蓮華王院の本堂で、南北一二〇メートルの規模を持つ。堂の中央には三メートルの高さの千手観音坐像、その前には風神雷神像と眷属の二十八部衆像の三〇体、その左右に千体の千手観音立像が安置される。

頭痛持ちの後白河法皇が熊野御幸でお告げを受け、因幡堂に参詣したところ、夢で後白河法皇の前世は蓮華坊という僧であり、その髑髏が熊野の西を流れる岩田川に沈み、髑髏を貫く柳の木が揺れるから頭が痛むと知らされた。蓮華院という名の寺院を建立して、髑髏を千手観音に埋めこみ、柳の木を梁にしたという。

後白河天皇は保元の乱で平清盛らとともに兄の崇徳上皇を破って追放した。しかし、のちに平清盛と対立し、法住寺殿から連行され鳥羽殿に幽閉されて「もう一度熊野へ行きたい」と泣いた。清盛の死後、法住寺殿で木曾義仲に平氏追討の院宣を出すが、義仲と対立し、法住寺殿は襲撃されて焼け落ちた。

「地獄草紙」「餓鬼草紙」「病草紙」などの六道絵や辟邪絵がこのとき持ち出された。六波羅の六道の辻を南へ下ったところにあった法住寺殿の宝蔵に、六道を描いた宗教画の傑作が収められていたのだ。

院御所内にありながら、武家と因縁が深い三十三間堂では、西側の軒下を南から北へ向かって射る通し矢が行われてきた。

三十三間堂の東にある養源院は、義父の織田信長に討たれた実父浅井長政を供養するために淀殿によって建立された寺院である。淀は養父となった柴田勝家を討った豊臣秀吉との間に秀頼をもうけた。火災で焼失した養源院は、豊臣家から徳川秀忠に嫁いだ淀の妹の江が再建した。大坂夏の陣で秀忠が姉の淀を討ったのちに、姉が建立した父の菩提寺を復興したのだ。再建時に秀吉から家康に主が替わった伏見城の一部が移築され、伏見城の戦いで籠城して自刃した鳥居元忠らの血で染まった床板でできた「血天井」を用いることで幕閣の反対をかわし、徳川の寺として再建。また、血天井の霊を弔うための白象・唐獅子の杉戸絵を俵屋宗達に描かせた。

本堂の松の間では、仏を挟み徳川歴代将軍の位牌と浅井長政、江の位牌が並ぶ。その後、養源院は後水尾天皇の中宮となり国母となった、秀忠と江の娘である和子の庇

養源院の血天井。徳川の将が伏見城に籠城し、自刃したときの血染めの床板が張られている

養源院。淀が信長・秀吉に討たれた父浅井長政の弔いに建立し、江、東福門院に受け継がれた　▶市バス「東山七条」下車徒歩約３分／東山区三十三間堂廻り町656

護を受け、江と秀忠の位牌には菊・葵・桐と、天皇、徳川、豊臣家の家紋が彫られている。

源平争乱の時代には、後白河法皇が平清盛の援助を受けて建立した法住寺殿を、木曽義仲に焼かれた。武家たちを翻弄して日本一の大天狗と呼ばれ、一方では三度も幽閉の憂き目を見た後白河法皇。その院御所の跡地には、浅井、織田、豊臣、徳川、天皇家を弔いでつないできた、市（信長の妹、長政の妻で、淀、江の母）、淀と江、和子（東福門院）と女三代の祈りが込められた寺がある。

養源院の南隣には後白河天皇法住寺陵と法住寺がある。法住寺には、木曽義仲の襲撃のとき、法皇の身を護ったという身代り不動明王が安置されている。

魔界番外地〈洛東編〉

聖護院

聖護院の塔頭積善院の人喰い地蔵。別名崇徳地蔵で、「すとく」、「ひとく」と転じ、いつしか「人喰い」となった　▶市バス「熊野神社前」下車徒歩約３分／左京区聖護院中町15

仮御所の聖護院と熊野・役行者

幕末の仙洞御所で下女が梅木の毛虫を焼き殺そうして失火し、禁裏が焼失した。孝明天皇は、天明の大火のときに光格天皇が聖護院に移った先例に倣い、聖護院を仮御所にした。

聖護院は、大津・園城寺（三井寺）の僧・増誉が白河上皇の熊野御幸を先達した功で、神楽岡南西の役行者が建てた堂を下賜されたことに始まる。東大路通を挟んで東隣の熊野神社は鎮守社である。

祇園祭の役行者山では、山鉾巡行の前に聖護院の山伏が山伏問答ののち、四方と鬼門に矢を放ち、剣で護摩壇を清めてから護摩木を入れて焚く。

PART 3

洛北を巡る

魔界コース9

水神と天狗の地、鞍馬・貴船への道

所要時間

約6時間（徒歩とバス）

京都の境界として地蔵や陰陽道（おんみょうどう）の神が安置されてきた鞍馬口から鞍馬（くらま）・貴船（きぶね）への参道は、異界とつながっていた。歴史と伝承の一端を案内に、今も都市伝説や怪談の舞台となる道を歩いてみることにしよう。

深泥池の鞍馬口地蔵と大蛇

地下鉄の鞍馬口駅を降り鞍馬口通を東へ賀茂川に向かって歩くと、右手に御霊神社（上御霊神社）、左手に閑臥庵がある。閑臥庵には、江戸時代に後水尾天皇が貴船の奥の院から勧請させた北辰鎮宅霊符神が祀られている。北辰鎮宅霊符神は安倍晴明が開眼したといわれている陰陽道の神である。かつての平安京の北東の鬼門、洛中と洛外の出入り口の境界に、王城鎮護のために陰陽道の神を安置したのである。

鞍馬口から賀茂川にかかる出雲路橋を渡ると下鴨神社で、ここから北に向かう下鴨中通は鞍馬街道と呼ばれ、北へ行くと深泥池に出る。この池は平安時代末に後白河法皇が編んだ『梁塵秘抄』には「御菩薩池」と表記されているが、池の西の畔に鞍馬口地蔵があったからだ。これは平清盛が疫病を防ぐために街道口に配置した京都六地蔵（伏見、鳥羽、桂、常盤、山科、鞍馬口）の一体であり、もとは伏見の大善寺に六体そろっていた。冥土に行った小野篁が地蔵菩薩を拝して生還したのちに、一本の木から六体の地蔵菩薩像を彫り出したという由来を持っており、分置された六地蔵を巡って参ることによって、六道流転から救われると信じられていた。

説教節「小栗判官（おぐりはんがん）」では、この池の大蛇が登場する。小栗は藤原家の父と母が鞍馬に祈願して生まれ、毘沙門天（びしゃもんてん）の申し子といわれた。妻にするために七二人もの女をわたり歩くが満足せずに、妻が決まるように鞍馬に祈るために向かった。市原（いちはら）あたりで休み笛を奏でていると、池の大蛇が笛の音に誘われ六〇メートルの高さに伸び上がって、小栗の美しい姿を認めた。美女に化けて鞍馬で待ちうけた大蛇と小栗は契（ちぎ）り、大蛇は懐妊する。大蛇は池を離れ、小栗の館に近い神泉苑（しんせんえん）に潜もうとしたが、空海（くうかい）が神泉苑に勧請して以来棲み着く善女龍王（ぜんにょりゅうおう）に咎（とが）められ、七日間暴風雨が吹き荒れた。災いをもたらした小栗は常陸国（ひたちのくに）へ流され、そこで美貌の照手姫（てるてひめ）に強引に婿入りして、土地の者に毒殺された。しかし、閻魔大王の裁きを受け、ハンセン病の身となって生還する。そして、熊野で湯治してもとの身に戻ったのであった。

妙満寺の道成寺鐘

鳥山石燕（とりやませきえん）の『今昔百鬼拾遺（こんじゃくひゃっきしゅうい）』には「道成寺鐘（どうじょうじのかね）」という題で、鐘に取り付いて舌を伸ばす、髪を振り乱した龍女が描かれる。話の概略は以下の通りである。

奥州白河から熊野参詣にきた美僧の安珍（あんちん）は、宿を借りた家の娘清姫（きよひめ）に夜這いをかけ

妙満寺の安珍・清姫の鐘。道成寺伝説の鐘は、今は水神信仰が残るこの地で供養されている　▶京都バス「幡枝（妙満寺）」下車すぐ／左京区岩倉幡枝町91

深泥池。鞍馬口菩薩があり、六地蔵巡りの地であった。現代は、肝試しや怪談の舞台として有名　▶市バス「深泥池」下車徒歩約3分／北区上賀茂深泥池町

られるが、帰りに寄ると言って逃れた。騙されたことを悟った清姫は、参詣後帰路についた安珍を裸足で追いかけた。安珍は熊野権現の力で清姫を動けなくして逃げようとしたが、清姫は蛇身となって火を噴きながら迫ってきた。道成寺で安珍は梵鐘に逃げ込んだが、清姫は梵鐘に巻きついて安珍を焼き殺したのち、入水して果てた。道成寺伝説の鐘は、『今昔百鬼拾遺』に書かれている通り、妙満寺にある。

鐘を妙満寺に納めた仙石秀久は、伏見城に忍び込んだ石川五右衛門を捕縛したともいわれる武将で、豊

臣秀吉の紀州攻めのとき山中から鐘を掘り出して京都へ持ち帰り、寺町二条にあった妙満寺に納めた。妙満寺はもとは六条室町にあったが、応仁の乱、天文法華の乱や火災などで焼失しての再建、移転を経て、秀吉の命で寺町二条に移った。しかし、江戸時代にも大火や禁門の変で焼失・再建が繰り返され、太平洋戦争での強制疎開を経て、岩倉の地で復興した。

大蛇や龍と関わりが深い貴船・鞍馬へ至る地に納まった梵鐘は、安珍・清姫の鐘として妙満寺で供養されている。

小町伝説が残る補陀洛寺

鞍馬口から鞍馬、貴船への参詣道のほぼ中間地点の二軒茶屋は、古来、埋葬地であった。ここの崖に、清少納言の曾祖父にあたる歌人の清原深養父が隠棲の折に創建した補陀洛寺がある。別名小町寺と呼ばれるように小野小町ゆかりの寺で、小町が住んでいたとも、終焉の地だともいわれている。

小町は紀貫之が『古今和歌集』で女性でただ一人六歌仙に選んだ歌人で、美しさが衣を貫くといわれた和歌神の衣通姫の流れをくむと美貌を称えた。小町は妖艶と

謎多き絶世の美女小野小町の顔を水面に映したと伝わる補陀洛寺の小町姿見の井　▶京都バス「小町寺」下車すぐ／左京区静市市原町1140

憂愁が共存する歌を残し、恋多き女といわれる。なかでも「百夜通えば求愛に応えましょう」といわれた深草少将が九九夜通い続け、百夜目の通い路で雪に埋もれて凍死した話は有名で、境内には小町と深草少将の供養塔がある。

「花の色はうつりにけりないたづらにわがみよにふるながめせしまに」と容色の衰えを嘆いた歌から、観阿弥の謡曲『卒塔婆小町』のように若いときの美貌と老醜の落差を描く物語や、亡くなって死体が朽ちていく姿を描く『九相図』の題材ともなり、補陀洛寺にも『小町九相図』が伝わっている。

六五〇万年前に降臨した祭神を祀る鞍馬寺

鞍馬街道を上って行くと、貴船口で右へ行くと鞍馬寺（くらまでら）、左へ行くと貴船（きふね）神社への道に分かれる。鞍馬寺の創建は鑑真（がんじん）の高弟・鑑禎（がんちょう）が霊夢のお告げによって山城国（やましろのくに）へ行き、宝を鞍にのせた白馬の導きで山に入ったところを鬼女に襲われ、危機を救ってくれた毘沙門天（びしゃもんてん）を祀ったことに始まると伝わる。

彩色された『鞍馬寺縁起』には、赤鬼を踏みつける毘沙門天を僧が拝む姿や、堂で経を唱える僧をうかがう龍が描かれている。鬼や龍が棲む鞍馬山に仏教僧がやってきて寺を建立した経緯を解き明かす絵だといってよいだろう。

鞍馬寺の信仰は独特で、本殿金堂（こんどう）は、左右に護法魔王尊（ごほうまおうそん）と千手観音菩薩（せんじゅかんのんぼさつ）を、中央に毘沙門天王（びしゃもんてんのう）を配置して、三体を尊天（そんてん）として祀っている。本堂前には星曼荼羅（ほしまんだら）を模した金剛床（こんごうしょう）があり、人気のパワースポットとなっている。奥の院の魔王殿（まおうでん）にも祀られている魔王尊は六五〇万年前に金星から降臨したともいわれる祭神だ。

こうした鞍馬信仰に豊かさを加味しているのが、鞍馬天狗（くらまてんぐ）ともいわれる僧正坊（そうじょうぼう）である。僧正坊は鞍馬の天狗たちの首領で、源　義経（みなもとのよしつね）に剣術を伝授したといわれる。

鞍馬寺。龍や天狗の地には、北方を守護する毘沙門天の横に鞍馬独自の魔王尊が祀られている　▶叡山電鉄鞍馬線「鞍馬」駅下車徒歩約５分／左京区鞍馬本町 1074

境内には義経が修行したという木の根道があり、僧正が谷には義経堂の祠がある。

また鞍馬寺には、義経が所持していたという『鬼一法眼兵法虎之巻』も伝わる。鬼一法眼は一条戻橋に住んでいた陰陽師であり、剣術家でもあった。鬼一法眼が鞍馬の八人の僧に伝授した京八流は、奥山念流、中条流などに受け継がれた。義経が鬼一法眼から盗み出した『鬼一法眼兵法虎之巻』は、唐で捕らわれの身となっていた吉備真備が鬼から与えられ、帰国後に鬼一法眼に授けられたといい、安倍晴明が真備から授かったという陰陽の秘伝書『金烏玉兎集』と由来が重なっている。虎之巻が単なる軍事の書ではなく、呪力を帯びていたことをうかがわせるのだ。

丑の刻参りの伝説が残る貴船神社

鞍馬寺の奥の院参道から西門を通ると貴船神社に出る。鴨川の上流にある貴船神社は水神(すいじん)の高龗神(たかおかみのかみ)を祀っており、かつて上賀茂(かみがも)神社の奥の宮であった。歴代天皇は旱魃(かんばつ)の雨乞いには黒馬を、長雨の雨止み祈願には白馬を奉納したという。のちに生き馬は絵馬に代わり、絵馬発祥の地を記念して境内には白馬と黒馬像がある。

神武(じんむ)天皇の母である玉依姫命(たまよりひめのみこと)が黄船に乗って淀川(よどがわ)、鴨川(かもがわ)、貴船川(きぶねがわ)を遡り、この地に社を建てたと伝わるように、古くから信仰を集め、縁結びの和泉式部(いずみしきぶ)伝説、呪詛の鉄輪(かなわ)伝説が残るように、愛憎両面の祈願を受けてきた。

恋多き女として知られた天才歌人和泉式部は、橘道貞(たちばなのみちさだ)との間に小式部内侍(こしきぶのないし)をもうけたのちに別れ、為尊(ためたか)親王と熱愛し、身分違いの恋を親から責められて勘当された。為尊親王が早世すると、弟の敦道(あつみち)親王から求愛されて男子を生むが、敦道親王もまた早くに世を去った。藤原道長(ふじわらのみちなが)の娘で一条(いちじょう)天皇の中宮となった彰子(しょうし)の女房となり、源頼光(みなもとのよりみつ)とともに酒呑童子(しゅてんどうじ)を退治した藤原保昌(ふじわらのやすまさ)の妻となった。保昌の心が離れ、貴船参詣で悲痛な歌を詠んだところ、貴船の神が「滝の水しぶきのように魂が砕け散るほど

神武天皇の母が創建したといわれる貴船神社は、古くから貴人、特に女性に信仰されてきた　▶京都バス「貴船」下車徒歩約５分／左京区鞍馬貴船町180

思い悩むな」と歌を返し、しばらくして和泉式部は保昌の心を取り戻したという。

鉄輪伝説では、嫉妬の末に夫を呪い殺そうとする女が丑の刻参りをすると、貴船の神から生きながら鬼となる方法を教えてもらうが、鬼女は安倍晴明に調伏された。

『御伽草子』の「貴船の本地」では、鞍馬の奥の岩屋を越えたところにある鬼の国が描かれており、美女の鬼の姫は転生したのちに人との恋を成就させた。「天狗の内裏」では、鞍馬寺の奥にある天狗の内裏が描かれる。鞍馬と貴船は、鬼、天狗、龍などの異界の住人たちの存在が信じられてきた地でもあったのだ。

魔界コース10

北の魔境・蓮台野の伝説

所要時間

約4時間（徒歩）

内裏の北にある船岡山（ふなおかやま）と蓮台野（れんだいの）は、埋葬地、御霊会（ごりょうえ）の地であり、また魔物が跋扈（ばっこ）する魔境でもあった。応仁の乱では鎮魂の地が戦場となったが、荒廃した西陣（にしじん）は民衆の力で復興し、華やかな祭の地となって今に至る。

釘抜地蔵の御利益と歌の鬼の供養塔

千本通を今出川通の北へ向かうと、東に釘抜地蔵で知られる石像寺がある。ここの地蔵菩薩は諸悪、諸苦、諸病を救う「苦抜き地蔵」と呼ばれ、釘抜地蔵に転じたという。

また、別の言い伝えもある。室町時代に両手の痛みに苦しむ大商人が地蔵参りに通うと、七日目に地蔵が夢に出てきて「お前は前世で他人を呪い、藁人形の掌に八寸釘を打ち込んだ。その報いで手が痛むのだ」と因果応報を告げた。商人が慌てて地蔵のもとへ行くと、前には血塗られた釘が二本置かれていたというものだ。この話から釘抜地蔵と呼ばれるようになったともいわれている。

苦を抜くといわれる釘抜地蔵の境内を訪れると、大きな釘抜きの出迎えを受ける　▶市バス「千本上立売」下車徒歩約 1 分／上京区千本通上立売上ル花車町 503

境内には八寸釘と釘抜を貼り付

けた絵馬が本堂の四面にびっしりと並んでいて、お参りに訪れる人がお堂の周囲を廻っている。

この地には、かつて百人一首の撰者で歌の鬼とも呼ばれた藤原定家の屋敷があった。境内の墓所には定家の供養塔がある。定家には、後白河院の皇女で、賀茂の斎院を務めた式子内親王との激しい恋の伝説がある。斎院は皇女から選ばれ、賀茂の神に奉仕するため宮中で潔斎を行ったのち、紫野の斎院御所で清浄な毎日を過ごし、賀茂社の祭祀などで重要な役割を担った。賀茂祭の数日前には斎院御所から鴨川の河原へ向かい、身を清める「斎王代御禊」を行い、多数の見物客を集めた。斎院を退いたのちも恋愛スキャンダルなどはもっての外であり、式子内親王は病で斎院を退いたのちも生涯独身を通した。

定家は百人一首に「焼くや藻塩の身もこがれつつ」と焼けるような恋心の歌を九七番に自撰し、定家と双璧といわれた藤原家隆が賀茂の水無月祓を詠んだ九八番の歌と番わせた。百人一首では、親子、親友などの連番の対が多いが、自分を同門のライバルと対にしたのだ。しかし、歌の内容では激しい恋心と賀茂の禊が番っている。自分の歌の激情を表す言葉と呼応する、八九番に置いた式子内親王の歌は、恋心が表に出てしまうなら、いっそ命よ絶えてしまえ、という悲痛な忍ぶ恋を詠（よ）んだものだ。

定家より一三歳年上で身分違いであり、生涯恋は許されない斎院への恋心は、式子内親王の墓に定家葛（ていかかずら）が纏（まと）わり付くほどであったという。式子内親王の墓所、般舟（はんじゅう）院陵（いんのみささぎ）は石像寺のすぐ南、千本今出川にある。

民衆信仰に支えられてきたゑんま堂では、念仏狂言が千年以上にわたって続いている　▶市バス「千本鞍馬口」「乾隆校前」下車徒歩約３分／上京区千本通蘆山寺上ル閻魔前町34

蓮台野の篁伝説が残る千本ゑんま堂

千本通を釘抜地蔵から北へ行くと千本鞍馬口に出る。鞍馬口通の南には閻魔前町があるが、この町名は千本（せんぼん）ゑんま堂（どう）から付けられた。ゑんま堂には日本一大きいといわれる迫力満点の閻魔法王像（えんまほうおうぞう）が鎮座する。ゑんま堂の前身は、小野篁が閻魔王から授かった「精霊迎え（しょらいむかえ）の法」を行うため、無数の卒塔婆（そとば）が立つ蓮台（れんだい）野（の）の入り口に建てた堂であった。

小野篁は東山の六道（ろくどう）の辻にある珍皇寺（ちんのうじ）にも

閻魔王と共に祀られており、そこでも精霊迎えの鐘が撞かれる。蓮台野の入り口にある千本ゑんま堂、鳥辺野の入り口にある珍皇寺と、篁ゆかりの二カ所で、盂蘭盆会には冥土からの精霊を迎える鐘が鳴るのである。

洛西の埋葬地にある化野念仏寺の西院の河原には多数の地蔵が並ぶが、千本の卒塔婆が並んだという蓮台野のゑんま堂境内にも地蔵供養池があり、たくさんの地蔵像が並んで死者を供養している。

地蔵供養池の右手には、南北朝時代の高さ六・一メートルの引接寺供養塔がある。一〇体の地蔵菩薩が彫られた円形の基礎の上に、北に釈迦如来、西に阿弥陀如来、南に弥勒菩薩、東に薬師如来の四面仏があり、裳階の上に九重の石塔が載る。この石塔は紫式部供養塔とも呼ばれている。許されない愛欲を『源氏物語』で書いたために地獄に堕とされた紫式部を憐れんで、篁が閻魔王に頼んで救ったという話があり、篁ゆかりの同寺に供養塔があるのだ。

紫野の島津製作所の工場の敷地内には、小野篁と紫式部の墓が並んでいる。漢詩や和歌にも秀でていた篁は、絶世の美女である歌人小野小町の祖父、あるいは父だという説もあるように、篁伝説は時空を超えて広がっているのだ。

頼光の土蜘蛛退治・上品蓮台寺

ゑんま堂から千本通を二〇〇メートルほど北に行くと右手に船岡山があり、左手には西麓の埋葬地だった蓮台野の名を残す上品蓮台寺がある。聖徳太子が母の菩提寺としたという伝承が残る桜の名所だ。東寺長者で孔雀経の法で知られる寛空が創建した。

境内には源頼光朝臣塚があるように、ここは土蜘蛛退治伝説の地である。頼光の土蜘蛛退治伝説には二つあり、一つは『平家物語　剣巻』によるものだ。三〇日以上熱病で苦しんだ頼光の寝所に七尺（約二・一二メートル）もある法師が現れ、縄を巻きつけようとした。頼光が伝家の宝刀膝丸で切り付けると逃げた。血の跡を追って北野社の背後にある塚に着いた。塚を掘り起こすと土蜘蛛が現れたので鉄串に刺して河原に晒したという。膝丸は以降、蜘蛛切と呼ばれたという。宇治の橋姫伝説、一

上品蓮台寺の頼光塚。大江山の酒呑童子を退治した源頼光は、この塚に逃げ込んだ土蜘蛛を退治したという　▶市バス「千本北大路」下車徒歩約３分／北区紫野十二坊町 33-1

条戻橋の鬼女伝説に次いで語られ、宇治橋や一条戻橋と同じように蓮台野が魔境とされていたことがわかる。

『土蜘蛛草紙』では頼光が蓮台野で空飛ぶ髑髏を見つけ、怪異の仕業と追いかける。神楽岡（左京区の吉田山）の荒屋に着き、そこで二九〇歳の老女や異類異形の妖怪に出会う。明け方が近づいて現れた楊貴妃とも見間違えるほどの美女が白雲を飛ばしてきたので切ると消え、白い血の跡を追って行くと西の山の洞穴には巨大な山蜘蛛が待ち受けていた。蜘蛛の首を切ると腹から一九九〇の髑髏と無数の子蜘蛛が出てきたので妖怪の住処とともに焼き払ったという。

かつて埋葬地だった船岡山周辺

内裏の北に位置する船岡山の北西には、後冷泉天皇火葬塚と近衛天皇火葬塚があり、ここが古くから平安京の埋葬地であったことがわかる。

後冷泉天皇の母は藤原道長の六女嬉子で、兄の頼通の養子として後朱雀天皇に入内して、一九歳で後冷泉天皇を生んだ。しかし、出産の二日後に天然痘で亡くなり、父の道長は陰陽師に東の屋根で死者の衣を振って名前を三度呼ぶ魂呼を行わせて生

応仁の大乱では西軍の城があった船岡山には、織田信長を祀っている建勲神社もある　▶市バス「船岡山」「建勲神社前」下車徒歩約10分／北区紫野北舟岡町

き返らせようとした。後冷泉天皇は後一条(ごいちじょう)天皇の皇女章子(しょうし)を立后(りっこう)していたが、頼通は藤原氏が天皇の外祖父でなくなることを恐れ、娘の寛子(かんし)を入内させて皇后とした。しかし、寛子が皇子を生むことはなく、後冷泉天皇の崩御で藤原摂関政治は転換期を迎えた。

　近衛天皇は、藤原摂関政治に代わって天皇が譲位後に権力を保持した院政時代に、鳥羽(とば)天皇と美福門院(びふくもんいん)との間に生まれた。崇徳(すとく)天皇や後白河(ごしらかわ)天皇の異母弟にあたる。鳥羽上皇は寵愛していた美福門院の皇子を帝位につけるため崇徳天皇に譲位を迫り、近衛天皇はわずか三歳で即位した。病弱の近衛天皇は一七歳で病死し、崇徳上皇は実子の重仁(しげひと)親王を天皇としようとしたが、後白河は崇徳上皇と左大臣藤原頼長(ふじわらのよりなが)が結んで、近衛天皇を呪詛して殺したという噂を流し、激怒した鳥羽上皇は後白河を即位させた。頼長は愛宕山の天狗像の目に釘を打ち付けたので近衛天皇は眼病を患い、ついに崩御したというのだ。崇徳上皇と藤原頼長は保元の乱で、後白河天皇と戦って敗れた。崇徳方の主力だった源為義は、後白河陣営の主力だった長男義朝と平清盛に敗れ、船岡山で義朝によって処刑された。のちの応仁の乱では船岡城が築かれ、船岡山合戦が行われた。

疫病除けの祭りを行う今宮神社

応仁の乱で西軍の拠点となった船岡山を含む上京の堀川より西のあたりは西陣と呼ばれるようになった。この西陣一帯の産土神（のち氏神）が、船岡山の真北にある今宮神社である。神泉苑で始まった御霊会は、羅城門を挟んで東寺と対になっていた西寺、上出雲御霊堂（上御霊神社）、祇園天神堂（祇園社）など京都の辺境で行われるようになり、正暦五年（九九四）には船岡山、長保三年（一〇〇一）には紫野で行われた。御霊会で祀った疫神の社の建立が今宮神社の創建となった。

毎年五月に行われる今宮祭は、南は二条城の北、西は七本松通に及ぶ広い範囲の氏子が参加し、北大路大宮南にある御旅所を中心に神輿や剣鉾が巡っていく。経を読

今宮神社。疫病の神は、西陣の八百屋の娘が徳川綱吉の母となって以来、良縁を結ぶ神ともなった　▶市バス「今宮神社前」下車すぐ／北区紫野今宮町21

み、神官や陰陽師、修験者たちを動員して御霊や行疫神を鎮魂する御霊会は、歌舞音曲や飾りによる慰撫も行った。祇園社や今宮社の華やかで楽しい祭は、次第に祈りとともに楽しむ要素が強くなっていき、町衆に定着していった。

四月の第二日曜に行われる、やすらい祭は奇祭として有名だ。桜の花が散るころに疫病が流行し始めるため、それを鎮める花鎮祭といわれる。花傘や御幣、そして子どもたちが小鬼、囃子方、大鬼に分かれて鼓、鉦、笛の音曲を奏で、赤鬼や黒鬼が髪を振り乱して「やすらい花や」の掛け声とともに練り歩く。花傘に入ると疫病を避けることができるという。今宮神社の他に、玄武神社、川上大神宮、上賀茂にもやすらい踊保存会があり、それぞれ違う踊りや囃子で祭を行う。

魔界コース11

王都の艮（うしとら）へ

――洛北の鬼門封じ

京都から国家鎮護の道場であった比叡山に向かうと、その途中に何重にも鬼門封じの仕掛けがあることに気づく。陰陽道の神々や鬼のような姿の高僧、神猿、そして皇太弟の御霊など、一風変わった信仰の装置を探訪する。

所要時間
約4時間（徒歩）

比叡山の登山口にある曼殊院門跡

呪われた都といわれた平安京の東北（艮）の鬼門にある日枝山は、最澄が堂塔を建てて天台宗を開いて以降は比叡山と呼ばれ、都、そして国家鎮護の道場となった。最澄の死後、比叡山延暦寺には戒壇が設けられ、そこで修行した法然、親鸞、栄西、道元、日蓮などは各宗派の開祖となった。比叡山は、天台宗の寺院だけでなく、鴨川の西一帯を寺領とした祇園社や、洛西の氏子を束ねていた北野社も支配下においた。天台密教の加持祈禱で天皇、皇族や貴族たちの救済者となっただけではなく、僧兵という武力、琵琶湖の水運など物流をおさえて経済力もつけ、各地の僧侶たちとのネットワークを通じて聖俗の情報を集めたこともあって、絶大な力を持っていた。

修学院離宮と曼殊院の間を流れる音羽川を起点とした雲母坂が、京都から比叡山への通い路となった。雲母坂は朝廷の勅使が通ったため勅使坂とも呼ばれた。過酷な千日回峰行が行われる修行道でもあり、九歳の親鸞が登り、二〇年後に下山した道でもある。雲母坂の手前にある曼殊院は皇族・貴族が住持となった天台五門跡の一つである。かつての寺所は鹿苑寺（金閣寺）の近くにあり、曼殊院門主は北野社の

曼殊院門跡。「小さな桂離宮」といわれ、大書院建築、枯山水の庭園、茶室八窓軒など見所が多い
▶市バス「一乗寺清水町」下車徒歩約20分／左京区一乗寺竹ノ内町42

別当を兼ねていた。その後、北山から相国寺の南という里内裏の北に移り、江戸時代に修学院離宮が造営されて、その南の現地に移転した。

国宝の黄不動や『古今和歌集』など、別格寺院に相応しい寺宝が多い。重要文化財の慈恵大師像は、延暦寺の大師像のわずか三年後に彫られた古いものである。比叡山中興の祖慈恵（良源）は、正月三日の命日から元三大師と呼ばれて、死後も親しまれてきた。慈恵を襲おうとした疫病神は、夜叉に見間違う厳しい高僧の姿に恐れをなして逃げ出したという伝説から、元三大師は二本の角が生えた角大師の姿で護符に描かれるようになった。元三大師の護符は、今も魔除け、火難除けとして京都ではよく見かける。

曼殊院には天狗や幽霊の絵もある。唐の天狗是害坊が愛宕の天狗太郎坊の案内で仏教に害をなすために比叡山を訪れ、高僧と護法童子に敗れて怪我をして、日本の天狗たちに湯治させてもらうという『是害坊絵』や、撮影厳禁の幽霊画二点なども伝わる。

鬼門守護の泰山府君を祀る赤山禅院

内裏の鬼門（北東）から延暦寺を結ぶ線上には、一条戻橋、上御霊神社、閑臥庵、下鴨神社（河合）、赤山禅院と魔封じのスポットが並ぶ。延暦寺の塔頭赤山禅院の泰山府君は、閑臥庵の北辰鎮宅霊符神と同じ陰陽道の神である。北辰鎮宅霊符神を貴船から上御霊神社の北にある閑臥庵に移させた後水尾上皇は、赤山禅院の修復を命じ、「赤山禅院」の勅額を下賜した。江戸幕府という京都の鬼門から、紫衣事件や金杯事件という圧力をかけられ、譲位で対抗した後水尾上皇は、鬼門封じに熱心であったのだ。

　赤山禅院の拝殿には、逃げ出さないように金網に入れられた猿が屋根に置かれている。鬼門の反

赤山禅院。本尊の泰山府君は寿命を司る冥界の神。病気治癒や延命目的で泰山府君祭を行った
▶市バス「修学院離宮道」下車徒歩約15分／左京区修学院開根坊町18

対の方角の「申」を配置したとも、平安京の鬼門の延暦寺のさらに北東にある延暦寺の護法社の日吉大社の神猿（魔去る）にちなむともいわれる。

　しかし、王城鎮護をするはずの延暦寺の山法師が日吉の神輿を担いで京都へやってきて強訴し、朝廷を苦しめてきたという歴史もある。怨霊や疫病神を祀って御霊や防疫神にしてきたように、山法師という都人にとって厄介な存在が転じて延暦寺の鬼門封じの霊験を強力にしたと考えるとおもしろい。

上御霊神社のさらに北東にある崇道神社

　鴨川の上流にあたる高野川を遡って行くと鬼の子孫の隠れ里といわれる八瀬に向かうが、その手前の上高野に早良親王を祀った崇道神社がある。桓武天皇は即位の三年後に長岡京へ遷都したが、翌年に遷都の責任者であった藤原種継が暗殺された。反桓武天皇勢力の支持を受けていた皇太弟早良親王は、事件に連座して配流されたが、無実を訴えて絶食し自死した。

　それ以来、桓武天皇は、相次ぐ皇太子の発病、妃や生母の病死、疫病の流行などは早良親王の祟りだと恐れて、平安遷都を行ったのだ。

崇道神社。天皇をはじめ都人を恐れさせた、史上名高い御霊の早良親王が祀られる境内は静謐である　▶市バス・京都バス「上橋」下車徒歩約２分／左京区上高野西明寺山町34

崇道神社は御霊会(ごりょうえ)の開催と同時期に創建されたという。即位していない早良親王を崇道(すどう)天皇と呼び、霊を慰めた。平安京の鬼門の位置に上御霊神社を創建し、桓武天皇の異母弟の他戸(おさべ)親王やその母井上(いのえ)内親王らとともに崇道天皇を合祀したが、同時期にさらに北東の崇道神社で単独で祀って念を入れたのである。

現在崇道神社の境内には、遣唐使で知られる小野妹子(おののいもこ)とその子小野毛人(おののえみし)を祀る小野(おの)神社がある。小野毛人は小野篁(おののたかむら)の四代前の祖先で、その墓誌は国宝となっている。

魔界番外地〈洛北編〉

賀茂社と河合

下鴨神社がある高野川と賀茂川の合流点（河合・写真）では、天皇の災厄を移した人形を流す「七瀬の祓い」が行われた。右奥には比叡山 ▶［河合］京阪電車「出町柳駅」下車徒歩約３分／左京区下鴨宮河町

祟りをなす賀茂の神と祭

平安京の祭といえば、葵祭の源流の賀茂祭のことであった。伊勢と賀茂の神に対してのみ、未婚の皇女の斎王が仕える制度があったが、伊勢の神は皇祖であるのに対し、賀茂の神は平安京以前から山城国に勢力を張っていた賀茂氏の祖先である。

古くから山城に住んでいた賀茂氏が祀る上賀茂神社・下鴨神社、秦氏が祀る松尾大社、伏見稲荷大社の神は、しばしば祟りをなした。

特に賀茂の神は、鴨川と降雨に深く関わっており、祟りは国家の危機に直結したので、その祭祀は国家行事として重視した。

PART 4

洛西を巡る

魔界コース12

風葬の地・化野へ

所要時間

約3時間（徒歩と電車）

洛西の奥に位置する化野（あだしの）は、平安時代、都の無縁仏（むえんぼとけ）が運ばれ、朽ちるに任せられた風葬の地であった。つまり、「あの世」に一番近い場所だったのだ。ここを訪れれば、今も死者の声が聞こえるかもしれない。

竹原春泉画『絵本百物語』より「帷子辻」。烏についばまれる壇林皇后が描かれている

帷子ノ辻。現在は平和な光景が広がっているが、かつては風葬の地への入り口だった　▶京福嵐山本線・北野線「帷子ノ辻」駅下車すぐ／右京区太秦帷子ケ辻町

皇后の遺体が朽ちた帷子ノ辻

辻は人々が行きかう場所であると同時に、魔も行きかう場所である。だから、魔が差したような辻斬りも出るし、道行く人の言葉から未来を占う辻占なども成立する。

京福電鉄嵐山線の「帷子ノ辻」の駅前に、帷子ノ辻と呼ばれる辻がある。ただ、この辻がその名で呼ばれるようになったのは、駅や道路ができた近年のことだ。昔は駅前の三条通を東に向かって踏切を越したあたりが、帷子ノ辻と呼ばれていた。

かつての帷子ノ辻は、東は太秦、北

は広沢池、北東は愛宕常盤、北西は上嵯峨野、西は下嵯峨野へと至る、街道上の重要な分岐点であった。また、平安時代に京都の人々の遺骸が捨てられた風葬の地である化野への入り口でもあった。そんな、帷子ノ辻という地名には、次のような伝説が残されている。平安時代初期、嵯峨天皇の后であった橘嘉智子は仏教への信仰があつく、日本初の禅院・檀林寺を建立したことから檀林皇后とも呼ばれた。彼女は大変な美貌の持ち主であり、修行中の僧侶の心まで動かすほどであったという。僧侶たちを惑わせていることを憂いた檀林皇后は、この世に変化しないものはないという仏教の教えである諸行無常を身をもって人々に伝えようと、死の際に、「自分の亡骸は埋葬せず、辻に打ち棄てるように」という遺言を残した。

遺言通り、皇后の遺体が辻に遺棄されると、日を置かずに腐り始め、犬やカラスに食い散らかされ、醜く無残な姿となって、やがて白骨となり朽ち果てた。それを見て人々は世の無常を悟り、僧侶たちも妄執を捨てて修行に打ち込むようになったという。帷子ノ辻というのは、檀林皇后の遺体が身に着けていた経帷子（死装束）が風に吹かれて舞い上がり、落ちたところがこの辻であったため、つけられたとされている。

ちなみに、その後この辻では、犬やカラスに食い荒らされる女性の死体の幻影が、た

嵯峨の「六道の辻」の井戸。夜ごと小野篁は井戸を出入りして閻魔庁で職務をこなした

嵯峨の「六道の辻」。冥界からの出口だった福生寺を偲ばせる石碑が建っている ▶ JR 山陰本線「嵯峨嵐山」駅下車徒歩約 20 分／右京区嵯峨大覚寺門前六道町

びたび目撃されたという伝説も残されている。

あの世からの出口「生の六道」

平安時代の京において、西の化野と東の鳥辺野（とりべの）は二大埋葬地であった。ようするに、最も「あの世」に近い場所ということである。

平安時代初期の公家で、学問に秀でていたことで名高い小野篁（おののたかむら）は、あの世とこの世を自在に行き来することができ、昼は朝廷で官職につき、夜は冥界の閻魔（えんま）庁に勤めていたと言い伝えられている。そして、篁は昼の仕事を終えると鳥辺野の六道珍皇寺（ろくどうちんのうじ）からあの世に行き、冥界での仕事を終えると化野の手前にあった福生寺の井戸からこの世に帰ってきたという。そこから、鳥辺野は「死の六道」、化野は「生の六道」とも呼ばれることとなった。

現在、福生寺は嵯峨薬師寺に合併されており存在しないが、近くの大覚寺の参道入り口付近に「生の六道」の石碑が建てられている。大覚寺への最寄駅は、ＪＲ山陰本線「嵯峨嵐山駅」だ。駅から二〇分ほど歩けば、あの世からの出口を目にすることができるだろう。

生霊となった六条御息所

「嵯峨嵐山駅」からは、野宮神社へも足を運ぶことができる。この神社は、斎宮（伊勢神宮に奉仕する皇女）が潔斎のために一年間こもる場所であり、『源氏物語』の「賢木」の巻で光源氏と六条御息所の別れの舞台ともなった場所でもある。

御息所は光源氏と恋仲になるが、彼を独占したいと思うあまり、生霊となってしまう。そして、源氏の愛する女性を次々と取り殺していく。だが、あさましい生霊の姿を源氏に見られてしまったことで完全に彼の愛を失ったことを悟った御息所は、斎

野宮神社の亀石。生霊にまでなった六条御息所の情念の力で、願いを叶える　▶市バス「野々宮」下車徒歩約４分／右京区嵯峨野宮町１

宮になった娘とともに野宮神社に入り、訪ねてきた源氏と最後の別れを果たした。『源氏物語』の御息所は恋に狂った女であり、その恋愛も悲劇に終わったが、いつしか御息所の業（ごう）の深さが縁結びの力に結びつけられ、野宮神社は縁結びの祈願所として人気を集めるようになっていった。本殿脇にある「お亀石」を願い事を唱えながら撫でると、一年以内に良縁が訪れると信じられている。

空海が供養した風葬の地・化野

洛西の魔界を巡る旅の最後の目的地は化野念仏寺（あだしのねんぶつじ）だ。こちらも、最寄駅は「嵯峨嵐山駅」となる。あるいは、嵐山線の「嵐山駅」からも向かえる。

そもそも化野が風葬地となったのには、次のような経緯がある。平安時代、京の都では華やかな貴族文化が花開いたが、同時に貧富の格差も大きく、庶民が暮らす地域では引き取り手のない死体が道端や河原に投げ捨てられ、あふれ返っていった。このままでは風紀上問題があるということになり、また疫病などの原因にもなるので、死体を運ぶ場所として郊外の地が選ばれることとなった。その一つが化野なのだ。

とはいえ、死体は化野に運ばれても丁寧に葬られるわけではなく、打ち捨てられ、野ざらしのままであった。これを憐れんだのが真言宗の開祖である空海である。唐から密教を携えて帰国した空海は弘仁年間（八一〇年〜八二四年）に、朽ちるに任せられていた化野の無縁仏を供養するため、この地に五智山如来寺を創建。のちに浄土宗の開祖である法然が同地に念仏道場を開いて念仏寺と改称し、現在の化野念仏寺となった。

化野念仏寺には、八〇〇〇以上の小石仏と小石塔が並ぶ「西院の河原」と呼ばれる場所がある。化野の山野に散乱埋没していた石仏を、明治中期に地元の人々の協力を得て集め、現在の形に配列安祀したものである。

化野念仏寺。無数に並ぶ石仏と石塔。その一つひとつが無縁仏たちを供養している　▶京都バス「鳥居本」下車徒歩約５分／右京区嵯峨鳥居本化野町 17

空海の供養によって化野の無縁仏たちも成仏できたことだろう。だが、風葬の地であった化野の荒涼とした景色は、後世の人にも強い印象を残し続けているようだ。

平安時代末期の僧侶で歌人の西行（さいぎょう）は「誰とてもとまるべきかはあだし野の草の葉ごとにすがる白露」という歌を詠み、鎌倉時代の歌人で随筆家の兼好（けんこう）法師は『徒然草』のなかに「あだし野の露消ゆる時なく、鳥部山の煙立ち去らでのみ、住み果つるならひならば、いかにもののあはれもなからん。世は定めなきこそいみじけれ」と書き残している。どちらも人の世の無常を表したものである。

魔界番外地〈洛西編〉

西院春日神社

西院春日神社。建御賀豆智命が白鹿に乗って旅をした故事から、交通安全の御利益もある　▶阪急京都線・京福嵐山本線「西院」駅下車徒歩約３分・市バス「西大路四条」下車徒歩約３分／右京区西院春日町61

身代わりで疱瘡を治す

東西の四条通、南北の西大路通が交差する西院と呼ばれる地区にあるのが、西院春日神社だ。

平安時代初期、淳和天皇が天然痘を患った皇女のために西院春日神社で祈願したところ、神前の石が身代わりに疱瘡を引き受けたかのようにあばた模様となり、皇女は全快したという伝説が残されている。以後、当社は皇室ゆかりの社となった。

ちなみに、かつて西院近くを流れる佐井川の河原は、幼児の亡骸が放置される風葬の地だったという。

PART 5

洛南を巡る

伏見稲荷から宇治平等院へ

洛南に位置する伏見稲荷大社、宇治橋、橋姫神社、平等院。これらは実はすべて、大なり小なり「鬼」と縁のある場所である。平安時代の京の人々を震え上がらせた鬼の足跡をたどってみよう。

所要時間

約4時間（徒歩と電車）

全国の稲荷神社の総本宮

稲荷（いなり）神社は日本中に数万社あるとされ、その数の多さで八幡宮（はちまんぐう）と一、二位の座を競っている。そんな全国の稲荷神社の総本宮が、京都の伏見にある伏見稲荷大社（ふしみいなりたいしゃ）だ。もともと稲荷信仰とは、古代日本の伏見の地に暮らしていた渡来系氏族である秦氏（はたうじ）の霊山信仰に源流があるとされる。そのため現在でも、伏見稲荷大社の東にある標高二三三メートルの稲荷山（いなりやま）が神社の神体山となっている。それが次第に豊作祈願の要素が強まり、食物を司る神のウカノミタマが祭神とされるようなっていった。稲荷とは、稲の生成を意味する「稲成り」が語源であるともいう。

豊作を祈るための神というと、良いことばかりをもたらすようだが、古代の神は幸ももたらせば、災厄ももたらす存在である。『山背国風土記』によれば、秦氏の子孫たちには、神社の木を抜いてそれぞれの家に植える風習があったが、この木が元気なうちは家が栄えたが、間違えて枯らしてしまうと、瞬く間に不幸に見舞われたと言い伝えられている。

伏見稲荷大社の奥宮から奥社奉拝所まで続く道には、おびただしい数の鳥居が並ぶ

伏見稲荷大社。延々と続く千本鳥居の幻想的な光景。稲荷山全体では千本以上建てられている　▶JR奈良線「稲荷」駅下車徒歩すぐ／伏見区深草薮之内町68

「千本鳥居」と呼ばれる場所がある。この鳥居は、伏見稲荷大社へ祈願し、それが叶った人たちがお礼として奉納してきたものだ。鳥居を奉納する背景には、祀り方の不足で災厄を招きよせることを恐れる古代の信仰の名残りがあるのかもしれない。

ところで、稲荷神社といえば、狐をイメージする人も多いだろう。あるいは、狐を祀っている神社と思っている人もいるかもしれない。だが、稲荷神社が祀っているのは稲荷神（ウカノミタマ）である。ところが、時代を経るにつれ神仏習合が進み、稲荷神は仏教を守護する女神の荼枳尼天（だきにてん）と同一視されるようになっていった。その荼枳尼天の使いが狐とされたため、稲荷神社に

宇治橋。夜な夜な京の人々を恐怖に陥れた鬼女は、この橋の下から誕生した　▶京阪宇治線「宇治」駅下車徒歩約２分／宇治市宇治東内

橋姫神社。橋姫は縁切りの神でもあり、悪縁を切るご利益があるといわれている　▶ JR 奈良線「宇治」駅下車徒歩約８分／宇治市宇治蓮華 46

も狐の像が置かれるようになったのだ。ちなみに、荼枳尼天は古代インドで恐れられていた人食い女夜叉（鬼女）のダキーニーを原型としている。ここにも、稲荷神社の持つ怖い一面を見ることができる。

嫉妬に狂った宇治橋の橋姫

ダキーニーはインドの恐ろしい人食い女夜叉だが、伏見稲荷大社の目の前にあるJR奈良線「稲荷駅」から電車に乗って南下し、「宇治駅」で降りると、国産の恐ろしい鬼女と縁深い場所を訪れることができる。それは、宇治橋だ。瀬田唐橋（せたのからはし）、山崎橋（やまさきばし）と並び日本三古橋の一つに数えられるこの橋にまつわる伝説は次のようなものである。

平安時代、とある公卿の娘が愛しい男を想うあまり嫉妬に狂い、洛北にある貴船神社に「自分を鬼女にしてくれ」と祈った。すると、宇治川に二一日間浸かれば満願できるとの神託を受ける。

そこで、娘は髪を五つに分け五本の角にし、顔には朱をさし体には丹を塗って全身を赤くし、三脚の鉄輪を逆さに頭に載せ、その三本の脚に松明を燃やし、さらに両端を燃やした松明を口にくわえ、計五つの火を灯してから、夜が更けると大和大路を南へ走った。このとき、京の町を駆け抜ける恐ろしい女の姿を目にした人は、驚愕のあまり死んでしまったと伝えられている。

宇治川までやってきた娘は、宇治橋の橋脚のところから川に入り、そのまま二一日間、水の中に浸かっていると、お告げ通り鬼と化した。それからこの鬼女は、妬んでいた女、その縁者、相手の男の親類などをすべて殺し、挙げ句の果てには京の都を徘徊して誰彼構わず殺すようになった。そのため、そのころ京では、申の時（一五～一七時ごろ）を過ぎると誰も家から出なくなったという。

『御伽草子』の「鉄輪」によれば、最終的に鬼女は、安倍晴明、および源頼光の四天王のうちの渡辺綱と坂田公時に退治される。その後、彼女を憐れんだ安倍晴明

平等院。西方極楽浄土と阿弥陀如来を心に思い浮かべるために造られたとされる　▶ JR 奈良線「宇治」駅下車徒歩約 10 分／宇治市宇治蓮華 116

が鬼女を「宇治の橋姫」と名づけ、社を建てて祀った。それが橋姫神社である。

橋姫神社は、宇治橋の上に建てられていたが、洪水による流出もあり、今は橋を渡って南下したところに移転している。宇治橋を訪れたら、現在の橋姫神社にも、ぜひ足を延ばして欲しい。

平等院に秘蔵された鬼の遺骸

橋姫神社から、さらに南に少し歩くと、世界遺産にもなっている有名な平等院もある。ここも、実は鬼に縁のある場所だ。

平等院は、もともと光源氏のモデ

ルともされる源融が営んでいた別荘が、のちに藤原道長の手に渡り、その子である頼通が寺院に改めたという経緯を持っている。現存しているため、平等院といえば鳳凰堂とも呼ばれる阿弥陀堂の印象が強いが、かつては、法華堂、多宝塔、不動堂、経蔵など複数の堂塔が建ち並ぶ巨大な寺院であり、摂関家の氏寺の役目も担っていた。

その数々の堂塔のなかで鬼と関係が深かったのが、阿弥陀堂の南西に建っていたとされる宝蔵だ。この宝蔵は恐らく経蔵であると推定されているが、重要な経典のほか藤原家の宝物も収められていた。そして、その藤原家の宝物には、鬼にまつわるものが多かったとされる。

例えばその一つが、酒呑童子の首だ。大江山を拠点とし、都を荒らしまわっていた鬼の首魁である酒呑童子は、源頼光とその四天王に退治される。その後、持ち帰られた首は、平等院の宝蔵に収められたと伝えられているのだ。また、鈴鹿山にこもって暴れていた鬼の大嶽丸の首も宝蔵に収められたという。さらに、鬼ではないが、玉藻前という美女に化けて鳥羽上皇をたぶらかしたとされる金毛九尾の狐という妖怪も、安倍晴明（あるいはその子孫とも）に正体を暴かれて退治されたのちに、遺骸が宝蔵に収められたと伝えられている。

『大江山酒天童子絵巻物』（国立国会図書館所蔵）。酒呑童子は、酒豪だったとされる

このような鬼や魔物の遺体が平等院の宝蔵に収められたのは、二度と災厄をもたらさないよう封印するためだったのか、それとも藤原摂関家が「魔」から力を得ようとしたためなのかはわからない。ただ、摂関家にとって非常に大事なものであったことは確かなようで、平等院を建立した頼通は死後、竜神となって宇治川に棲み、深夜の丑の刻になると川から出てきて宝蔵を見回ったという伝承が伝わっている。それほど宝蔵のなかの宝物が気になっていたということだろう。そんな経蔵も南北朝時代に消失し、宝物の行方もわからなくなっている。

魔界番外地〈洛南編〉

羅城門跡

羅城門跡。現在は、小さな児童公園の中にある石碑だけが往時を思い起こさせる　▶市バス「羅城門」下車徒歩すぐ／南区唐橋羅城門町花園児童公園内

鬼が棲んだ都の表玄関

平安京が造営されたとき、朱雀大路（すざくおおじ）の南端に都の表玄関として羅城門（らじょうもん）が建てられた。幅約35メートル、高さは21メートルあったという。だが、一〇世紀には打ち捨てられ、荒れるに任せる状態となってしまった。

その結果、いつしか羅城門は死体の捨て場になったという。当時の様子は『今昔物語集』のなかの一編に記されており、それを基に芥川龍之介（あくたがわりゅうのすけ）が書いたのが小説『羅生門（らしょうもん）』だ。

また、荒廃した羅城門に鬼が棲みつき、琵琶を弾いたとか、漢詩を詠んだという伝説も残されている。

PART 6

滋賀まで足を延ばす

魔界コース14

都を守る比叡山へ

京の「鬼門」にあたる大津の地。この方角からくる「魔」をいかに防ぐかは、平安京で暮らす人々の最大の関心事であった。そのため、延暦寺（えんりゃくじ）をはじめとする数々の霊的防衛施設が創建される。

所要時間

約6時間（徒歩と電車とケーブルカー）

大ムカデ退治の瀬田唐橋

滋賀県の大津は、七世紀に天智天皇が近江大津宮に遷都して以来の古都だが、大津にある比叡山は平安京から見ると艮（北東）の方角にあって「鬼門」となる。「鬼門」は、中国の陰陽五行説を基とする陰陽道では鬼などの魑魅魍魎がやってくる方角として忌み嫌われており、この方角の防御は京にとっては死活問題であった。そのため、大津には京にとって重要な場所が多い。

琵琶湖から流れ出る瀬田川に架かる瀬田唐橋も、そんな重要地点の一つである。東海道・東山道（中山道）方面から京へ向かおうとする場合、琵琶湖を直接渡るか南北いずれかを大きく迂回しないかぎりは、この瀬田唐橋を必ず渡ることになる。それゆえ、古来「唐橋を制する者は天下を制す」といわれ、数々の歴史上の大事件の舞台ともなってきた。

例えば、七世紀に起きた壬申の乱では、大友皇子軍と大海人皇子軍が、この橋を挟んで対峙。大友皇子軍は橋を破壊して、敵の進軍を防ごうとしている。あるいは戦国時代、かつて織田信長に抵抗していた六角氏の配下が明智光秀の安土行きを邪魔し、橋を焼き落としたため、光秀は兵を引かざるを得なくなったという。だが、瀬田唐橋は人と人の争いの舞台になっただけではない。魔と魔の争いの舞台にもなっている。

平安時代中期、朝廷に反乱を起こした平将門を討ったことで名高い藤原秀郷が、あるとき唐橋を渡ろうとすると、橋の上に大蛇が横たわっていた。秀郷が臆することなく橋を渡ると、ふいにひとりの老人が現れ、「私は唐橋の下に棲む龍神だが、ぜひ宿敵の大ムカデを倒してくれないか」と懇願してきた。これを快諾した秀郷が弓矢を携えて待ち構えていると、三上山を拠点とし、山を七回り半するほどの大ムカデが現れたが、この魔物を秀郷は見事退治したと伝えられている。

妖怪・鉄鼠と縁深い三井寺

瀬田唐橋の最寄駅は京阪石山坂本線の唐橋前駅だ。ここから電車に乗って琵琶湖西岸を北上し、三井寺駅で降りて一〇分ほど歩くと三井寺（園城寺）に着く。この三井寺も「魔」と縁の深い滋賀の重要スポットである。

『平家物語』や『太平記』などによれば、平安時代中期、三井寺にいた頼豪阿闍梨という高僧が白河天皇の命を受けて皇子誕生の祈禱を行うと、めでたく男児が誕生。所

三井寺仁王門。「ねずみの宮さん」は、北の比叡山の方向を向いて建てられている　▶京阪バス「三井寺」下車すぐ／滋賀県大津市園城寺町246

瀬田唐橋。ムカデ退治の伝説のあるこの橋は、近江八景の一つにも数えられている　▶京阪石山坂本線「唐橋前」駅下車徒歩3分／滋賀県大津市唐橋町

望する褒美を尋ねられた頼豪は、念願であった三井寺の戒壇設立を願い出て、勅許を得る。ところが、延暦寺の妨害にあって、この勅許が取り消されてしまう。これに怒った頼豪は、二一日間にわたって護摩壇を焚き、皇子と延暦寺を呪いながら餓死。すると、頼豪の呪いによって皇子は夭折し、さらに頼豪の怨霊は鉄の牙と石の体を持った鉄鼠という妖怪となって延暦寺を襲い、仏像や経典を食い破った。これに困った延暦寺の僧侶たちが頼豪の霊を鎮めるための社を建てて祀ると、ようやく怨霊はおとなしくなったという。

　現在、三井寺を訪れると、観音堂に登る石段の脇に「ねずみの宮さん」という小さな神社があることに気づくだろう。これは、頼豪の霊を祀ったものとされる。

魔除けの「神猿」がいる日吉大社

京阪石山坂本線を「三井寺駅」から、さらに北上し、「坂本比叡山口駅」で降りて八分ほど歩くと比叡山の東麗に位置する日吉大社（ひよしたいしゃ）に着く。

この日吉大社にも、頼豪にまつわる場所がある。それは、東本宮前に建てられた「鼠の秀倉（ほくら）」と呼ばれる社だ。日吉大社は延暦寺の鎮守神であり、延暦寺の僧侶たちが頼豪の怨霊を鎮めるために建てた社が、この「鼠の秀倉」であると伝えられている。

日吉大社。織田信長の比叡山焼き討ちの際、神社も灰燼に帰したが、のちに再建された ▶京阪石山坂本線「坂本比叡山口」駅下車徒歩約10分／滋賀県大津市坂本5-1-1

鉄鼠を封じただけでなく、日吉大社は京の鬼門を守る霊験あらたかな神社として、古来、人々の信仰を集めてきた。その魔除けの象徴となっているのが猿で、境内の各所に猿の彫刻が置かれている。この猿たちは「神猿（まさる）」と呼ばれており、「魔が去る」「勝る」に通じる大変縁起のいいものだとされている。

京の鬼門を守る要の延暦寺

さて、日吉大社を離れ、ケーブルカーに乗って比叡山を登れば、いよいよ京の鬼門を守る最大の要である延暦寺に到着する。延暦寺は比叡山全域を境内としているため、比叡山、あるいは叡山（えいざん）と呼ばれることも多い。

比叡山延暦寺東塔。根本中堂や文殊楼、大講堂など重要な建築物が立ち並んでいる▼比叡山鉄道坂本ケーブル「延暦寺」駅下車徒歩約10分／滋賀県大津市坂本本町4220

延暦寺は、日本の天台宗の開祖である最澄（さいちょう）が延暦七年（七八八）に開いたものだが、最初から京の鬼門を守る意図をもって、この場所に建立したといわれる。そもそも最澄は、平安遷都を進めた桓武（かんむ）天皇のブレーン的存在であった。そのため、遷都の際も都市計画、特に都の霊的防衛に気を配ったとされる。最澄自身の霊力もかなりのものであったらしく、伝説によれば、あるとき都の南東に魔物が現れたので最澄みずから赴いて魔物を退治し、その死体を延暦寺に埋めたという。

ところで、京の鬼門を守るという重要な使命を帯びた延暦寺だけあって、最澄亡きあとも、高い霊力を持った高僧が次々と現れている。比叡山には、それら高僧たちにまつわる「三大魔所」と呼ばれる場所が残されている。

一つ目は、横川にある「元三大師御廟」だ。これは、第一八代天台座主で、比叡山中興の祖ともいわれる慈恵大師良源の廟墓である。元三大師というのは、良源が正月三日に入滅したことに由来する。この良源が都で疫病が流行ったとき鏡の前で禅定に入ると、鏡に角の生えた恐ろしい姿が映った。その姿を弟子に描き写させて護符にしたところ、疫病は収まったと伝えられる。

二つ目は、横川の飯室谷の端にある「慈忍和尚廟」だ。慈忍は良源の高弟で、厳しい修行生活を送ったことで知られている。そして、死後は「一眼一足」の妖怪となり、戒律を破ったり、怠けている僧侶をこらしめたとされる。

最後の魔所は、東塔の麓へと下る本坂の途中にある「天梯権現祠」だ。かつて比叡山には次郎坊という大天狗が棲んでいて修行僧たちの邪魔をしていたが、強い霊力を持つ高僧に追い払われて以降、比良山に移り棲んだという。ただ、今でもこの祠のある場所にだけは、なぜか天狗が現れることがあるという。

魔界番外地〈滋賀編〉

蝉丸神社

関蝉丸神社上社。JR「大津駅」周辺には蝉丸の名がつく神社が3つある

▶京阪京津線「大谷」駅下車徒歩約10分／滋賀県大津市逢坂1丁目20

謎の琵琶法師を祀る神社

蝉丸（せみまる）は『小倉百人一首』にも歌が収められている平安時代前期の歌人だ。盲目で琵琶の名手だったとも、天皇の子だったともいわれているが、詳しいことはわかっていない。

その蝉丸を祀っているのが、滋賀県大津市にある蝉丸神社だ。古代〜中世において琵琶法師など遊芸に従事する者は下層民とみなされたが、同時に神に近い職業ともみなされていた。当社には異形の神である猿田彦命も祀られている。ここは現世と異界をつなぐ場所なのかもしれない。

鞍馬寺	くらまでら	左京区鞍馬本町 1074
西院春日神社	さいいんかすがじんじゃ	右京区西院春日町 61
幸神社	さいのかみのやしろ	上京区寺町通今出川上ル西入ル幸神町 303
三十三間堂	さんじゅうさんげんどう	東山区三十三間堂廻り町 657
三年坂	さんねんざか	東山区清水 2 丁目
地主神社	じしゅじんじゃ	東山区清水 1 丁目 317
下御霊神社	しもごりょうじんじゃ	中京区寺町通丸太町下ル
十念ヶ辻	じゅうねんがつじ	下京区新町通松原
聖護院	しょうごいん	左京区聖護院中町 15
相国寺（宗旦稲荷）	しょうこくじ（そうたんいなり）	上京区今出川通烏丸東入ル
生の六道（嵯峨の「六道の辻）	しょう ろくどう（さが ろくどう つじ）	右京区嵯峨大覚寺門前六道町
上品蓮台寺	じょうぼんれんだいじ	北区紫野十二坊町 33-1
白峯神宮	しらみねじんぐう	上京区飛鳥井町 261
神泉苑	しんせんえん	中京区御池通神泉苑町東入ル門前町 167
瑞泉寺	ずいせんじ	中京区木屋町通三条下ル石屋町 114-1
朱雀門跡	すざくもんあと	中京区西ノ京小堀町 2-24
崇道神社	すどうじんじゃ	左京区上高野西明寺山町 34
晴明神社	せいめいじんじゃ	上京区晴明町 806

主なスポット一覧（五十音順）

化野念仏寺	右京区嵯峨鳥居本化野町 17
一条戻橋	上京区堀川下之町
今宮神社	北区紫野今宮町 21
宇治橋	宇治市宇治東内
宴の松原	上京区出水通千本西入ル
愛宕念仏寺元地	東山区松原通大和大路東入ル北側
帷子ノ辻	右京区太秦帷子ケ辻町
鉄輪の井戸	下京区鍛冶屋町251-1
上御霊神社	上京区上御霊前通烏丸東入ル上御霊竪町495
河合	左京区下鴨宮河町
河原院跡	下京区木屋町通五条下ル
北野天満宮	上京区馬喰町
貴船神社	左京区鞍馬貴船町 180
京都神田明神	下京区綾小路通西洞院東入ル新釜座町 726
京都御所（猿ヶ辻）	上京区京都御苑内
清水寺	東山区清水 1 丁目 294
釘抜地蔵（石像寺）	上京区千本通上立売上ル花車町 503

船岡山　北区紫野北舟岡町

方広寺　東山区正面通大和大路東入ル茶屋町 527-2

法観寺（八坂の塔）　東山区清水八坂上町 388

曼殊院門跡　左京区一乗寺竹ノ内町 42

三井寺　滋賀県大津市園城寺町 246

深泥池　北区上賀茂深泥池町

みなとや幽霊子育飴本舗　東山区松原通大和大路東入ル 2 丁目轆轤町 80-1

耳塚　東山区大和大路通正面西入ル茶屋町

妙満寺　左京区岩倉幡枝町 91

八坂神社　東山区祇園町北側 625

安井金毘羅宮　東山区東大路松原上ル下弁天町 70

矢田寺　中京区寺町通三条上ル

養源院　東山区三十三間堂廻り町 656

羅城門跡　南区唐橋羅城門町花園児童公園内

六道珍皇寺　東山区大和大路通四条下ル 4 丁目小松町 595

六道の辻　東山区松原通大和大路東入ル

六波羅蜜寺　東山区五条通大和大路上ル東

六角獄舎　中京区神泉苑町通六角西入ル因幡町

赤山禅院（せきざんぜんいん）	左京区修学院開根坊町 18
関蝉丸神社上社（せきせみまるじんじゃかみしゃ）	滋賀県大津市逢坂 1 丁目 20
瀬田唐橋（せたのからはし）	滋賀県大津市唐橋町
千本ゑんま堂（せんぼんどう）	上京区千本通蘆山寺上ル閻魔前町 34
千本通（せんぼんどおり）	千本通
大将軍八神社（だいしょうぐんはちじんじゃ）	上京区一条通御前西入ル西町 48
知恩院（ちおんいん）	東山区林下町 400
豊国神社（とよくにじんじゃ）	東山区大和大路正面茶屋町
鳥辺野（とりべの）	東山区五条橋東
鵺池（ぬえいけ）	上京区智恵光院通丸太町下ル主税町二条公園内
野宮神社（ののみやじんじゃ）	右京区嵯峨野宮町 1
橋姫神社（はしひめじんじゃ）	宇治市宇治蓮華 46
比叡山延暦寺（ひえいざんえんりゃくじ）	滋賀県大津市坂本本町 4220
東向観音寺（ひがしむきかんのんじ）	上京区今小路通御前通西入上ル観音寺門前町 863
平等院（びょうどういん）	宇治市宇治蓮華 116
日吉大社（ひよしたいしゃ）	滋賀県大津市坂本 5-1-1
伏見稲荷大社（ふしみいなりたいしゃ）	伏見区深草藪之内町 68
補陀洛寺（ふだらくじ）	左京区静市市原町 1140

参考文献

『安倍晴明　陰陽師たちの平安時代』繁田信一　著（吉川弘文館）
『安倍晴明「闇」の伝承』小松和彦　著（桜桃書房）
『院政期の京都　白河と鳥羽』（京都市・公益財団法人京都市埋蔵文化財研究所）
『陰陽師と貴族社会』繁田信一　著（吉川弘文館）
『陰陽道と平安京　安倍晴明の世界』川合章子　著、横山健蔵　写真（淡交社）
『陰陽道の本――日本史の闇を貫く秘儀・占術の系譜』（学習研究社）
『京都異界の旅』志村有弘　編著（勉誠出版）
『京都・異界をたずねて』蔵田敏明　著、角野康夫　写真（淡交社）
『京都　恐るべき魔界地図』ミステリーゾーン特報班　編（河出書房新社）
『京都時代MAP　平安京編』新創社　著（光村推古書院）
『京都〈千年の都〉の歴史』高橋昌明　著（岩波新書）
『京都の神社と祭り』本多健一　著（中公新書）
『京都の魔界をゆく　絵解き案内』か舎・菊池昌治　著（小学館）
『京都魔界案内』小松和彦　著（光文社）
『京都魔界ガイド』東雅夫　監修（宝島社）
『京都魔界紀行』志村有弘　編著（勉誠出版）

■写真提供

京都市平安京創生館、京都市歴史資料館、京都フリー写真素材集、写真AC、神泉苑、晴明神社、知恩院、東向観音寺、PIXTA、平等院、フォトライブラリー、防府天満宮、妙満寺、養源院、六道珍皇寺

『京都魔界図絵』小松和彦 監修（宝島社）
『京都魔界地図』綾辻行人・京都魔界倶楽部 著（PHP研究所）
『京都魔界地図帖』小松和彦 監修（宝島社）
『京都・魔界への招待』蔵田敏明 著（淡交社）
『京都・魔界マップ――〈妖しい京都〉の歩き方』（洋泉社）
『京都・魔界巡り』らくたび文庫編集部 編（コトコト）
『京都魔界めぐり――日本最強の魔界都市・実体験ガイド』（宝島社）
『京都妖界案内』佐々木高弘 著・小松和彦 監修（大和書房）
『京都歴史アトラス』足利健亮 編（中央公論新社）
『すぐわかる日本の呪術の歴史』武光誠 監修（東京美術）
『図説 安倍晴明と陰陽道』山下克明 監修、大塚活美・読売新聞大阪本社 編（河出書房新社）
『日本史広辞典』日本史広辞典編集委員会 編（山川出版社）
『日本伝奇伝説大事典』乾克己・志村有弘・鳥越文蔵・小池正胤・高橋貢 編（角川書店）
『跋扈する怨霊』山田雄司 著（吉川弘文館）
『物語 京都の歴史』脇田修・脇田晴子 著（中公新書）
『妖怪たちのいるところ』水木しげる 絵、小松和彦 文（KADOKAWA）
※ほか多数の書籍、ホームページを参考にしています。

■スタッフ

編集	株式会社ゴーシュ（五島 洪、齋 碧海、小野寺淑美）
執筆	五十嵐英人、伊藤春奈、奈落一騎、和田 進
本文デザイン DTP	アルファヴィル・デザイン
撮影	中山和弘
地図作成	周地社

小松和彦（こまつ かずひこ）
1947年、東京都生まれ。国際日本文化研究センター所長。埼玉大学教養学部教養学科卒業。東京都立大学大学院社会科学研究科博士課程単位取得退学。専門分野は、文化人類学、民俗学、口承文芸論。著書に『呪いと日本人』（角川ソフィア文庫）、『日本妖怪異聞録』（講談社学術文庫）、『百鬼夜行絵巻の謎』（集英社新書ヴィジュアル版）、『京都魔界案内』（光文社知恵の森文庫）など多数。

宝島社新書

カラー版
重ね地図で読み解く京都の「魔界」
（からーばん　かさねちずでよみとくきょうとの「まかい」）

2019年7月24日　第1刷発行

監　修　小松和彦
発行人　蓮見清一
発行所　株式会社宝島社
〒102-8388
東京都千代田区一番町25番地
電話：03-3239-0928（編集）
03-3234-4621（営業）
https://tkj.jp
印刷・製本　中央精版印刷株式会社

ISBN 978-4-8002-9165-3